하느님의 알파벳 1

예수님이 사용하신

히브리어 낱말

L'ALFABETO DI DIO
by Gianfranco Ravasi

Piazza Soncino 5 - 20092 Cinisello Balsamo(Milano) - ITALIA
www.edizionisanpaolo.it

하느님의 알파벳 ❶

예수님이 사용하신

히브리어 낱말

교회 인가 | 2025년 3월 27일
1판 1쇄 | 2025년 11월 30일

글쓴이 | 잔프랑코 라바시
옮긴이 | 박요한 영식
펴낸이 | 김사비나
펴낸곳 | 생활성서사
편집인 | 윤혜원
편집 자문 | 허찬욱 **디자인 자문** | 이창우, 최종태, 황순선
편집장 | 박효주 **편집** | 안광혁, 김병수, 이광형
디자인 | 강지원 **제작** | 유재숙 **마케팅** | 노경신 **온라인 홍보** | 박수연
등 록 | 제78호(1983. 4. 13.)
주 소 | 서울특별시 강북구 덕릉로42길 57-4
편 집 | 02)945-5984
영 업 | 02)945-5987
팩 스 | 02)945-5988
온라인 | 신한은행 980-03-000121 재) 까리따스수녀회 생활성서사
인터넷 서점 | **www.biblelife.co.kr**
가톨릭 교회의 모든 도서는 '생활성서사' 인터넷 서점에서 만나실 수 있습니다.

ISBN 978-89-8481-706-7 03230
책값은 뒤표지에 있습니다.

하느님의 알파벳 ❶

예수님이 사용하신

히브리어 낱말

ענוים ברא ארץ רחמים
יהוה קדש חסד שמע דבר

글쓴이 잔프랑코 라바시 | 옮긴이 박요한 영식

생활성서

히브리어 음역

히브리어 문자	이름	음역	수적 가치
א	Alef 알렙	’	1
בּ ב	Beth 베트	v / b	2
גּ ג	Ghimel 기멜	g	3
דּ ד	Daleth 달렛	d	4
ה	He 헤	h	5
ו	Waw 와우	w	6
ז	Zain 자인	z	7
ח	Heth 헷	ḥ	8
ט	Teth 텟	ṭ	9
י	Yod 욧	y / j	10
ך כּ כ	Kaf 카프	k	20
ל	Lamed 라멧	l	30
מ ם	Mem 멤	m	40
נ ן	Nun 눈	n	50
ס	Samekh 사멕	s	60
ע	‘ayin 아인	‘	70
ף פּ פ	Pe 페	f / p	80
צ ץ	Sade 차데	ṣ	90
ק	Qof 코프	q	100
ר	Resh 레쉬	r	200
שׂ	Sin 신	ś	300
שׁ	Shin 쉰	š	300
תּ ת	Taw 타우	t	400

이 책을 처음 접하는 사람은 아마 당황스러울 수도 있을 것입니다. 낯선 문자를 다루는 데다 표기 방향 또한 오늘날의 언어들과 다르기 때문입니다. 실제로 히브리어와 그리스어 단어는 두 고대 언어의 알파벳 순서에 따라 배열되었습니다('히브리어 음역' 참조, 4쪽).

이 책은 오랫동안 성경을 구약 성경(또는 첫째 성경)과 신약 성경 두 단계로 나누어 가르쳐 온 사람이 오래전부터 준비한 도전에서 시작됐습니다. 다시 말해 이 책은 두 개의 기본 언어, 곧 히브리어와 그리스어로 쓰인 성경 일흔세 권 원본이 지닌 매력의 극히 일부만이라도 맛보게 해 주고픈 염원에서 출발한 것입니다.

『돈키호테』의 저자 세르반테스가 말했듯이, 모든 번역은 '아라스 태피스트리의 뒷면'과도 같아 앞면의 생생한 색상과 정교한 모습과는 달리, 그 뒷면은 창백한 색상과 희미한 선으로 가득합니다. 같은 이유에서 아기 예수의 소화 데레사 성인은 다음과 같이 고백했습니다. "내가 만약 사제였더라면, 하느님께서 우리 인간의 언어로 표현하고자 하신 그 형태대로 하느님의 생각을 알기 위해 히브리어와 그리스어를 깊이 공부했을 것이다."

그리스어 성경을 라틴어 성경 '불가타'로 번역한 저명한 번역가 예로니모 성인도 인정하듯, 그와 같은 공부는 피곤한 것입니다. "새로운 알파벳과 귀에 거슬리는 금속성의 날카로운 발음을 배울 필요가 있다. 그것이 얼마나 고된 일이었는지, 몇 번이나 포기했다 다시 시작했는지, 내 양심만이 이를 증언할 수 있다."

이제 성경 언어를 배우는 두 가지 여정을 제안합니다.

예수님께서도 알고 계셨던 성경 속 히브리어 배우기

첫 번째 여정은 구약 성경을 살펴보는 것입니다. 구약 성경을 이루는 305,441개의 단어 중 사용된 용어의 수 5,750개를 확인, 그중 척추와 같이 중요한 역할을 하는 어휘 55개를 원어로 제시하고 오늘날의 현대어로 읽을 수 있도록 음역音譯한 후, 각 어휘를 폭넓게 설명했습니다. 성경 메시지의 근본 주제들을 설명해 주는 이 어휘들을 예수님은 배워 잘 알고 계셨으며, 나자렛이나 카파르나움의 회당, 예루살렘 성전에서 매 안식일과 유다 축제일들에 귀

기울여 듣고 되풀이해 말씀하셨습니다. 그러므로 어떤 의미에서 이 책을 읽는 것은 예수님의 목소리와 조화를 이루는 방법이 될 것입니다.

이 용어들은 현대 어휘가 표현할 수 없는 더 많은 의미를 압축하고 있기도 합니다. 특히 대기음이나 마찰음 또는 치음을 지닌 자음*은 발음을 하는 것조차도 어려워 마치 고된 노동처럼 여겨지기도 할 것입니다. 그러나 이 히브리어 단어들을 공부하면, 성경 주인공들의 성격과 행동, 생각의 진정한 모습을 묘사할 수 있을 것입니다. 이제 이 단어들을 독서라는 무대 위에 올려놓고 설명하겠습니다.

그리하여 하느님의 이름과 함께 그분의 창조와 구원, 영광과 말씀과 축복, 그분의 메시지를 전하는 천사들과 예언자들뿐 아니라 그분의 적대자는 물론 우상인 바알과 사탄이 무대에 함께 오를 것입니다. 메시아, 다윗 가문의 임금, 고난받는 종, 임마누엘, 그리고 평화의 창조자도 함께 등장할 것입니다. 구원의 역사에 결정적 역할을 하는 '사람uomo', 곧 아버지이자 아들이고, 이름과 얼굴과 살아 있는 영과 살을 갖고 있으며, 하느님처럼 사랑하고 자애로운

---

* 대기음帶氣音: 거센소리, 'ㅊ', 'ㅋ', 'ㅌ', 'ㅍ' 등과 같이 숨이 거세게 나오는 자음.
  마찰음摩擦音: 갈이소리, 'ㅅ', 'ㅆ', 'ㅎ' 등과 같이 입안, 목청 등 조음 기관의 좁혀진 틈으로 공기가 나오며 마찰되어 나는 소리.
  치음齒音: 잇소리, 'ㄷ', 'ㄸ', 'ㅌ', 'ㅅ', 'ㅆ', 'ㄴ', 'ㄹ'처럼 혀끝을 윗잇몸이나 그 근처에 대서 내는 소리.

마음을 지니며, 양식을 먹고, 세상에 살며, 다른 민족들 사이에서 한 백성이 되고, 지혜와 아름다움을 추구하는 사람에게 매우 큰 자리가 주어질 것입니다.

그러나 그는 자유 의지에 의한 죄인이기도 하기에 회개와 속죄가 필요하며, 연약하고 죽음의 운명에 처한 존재입니다. 그는 지옥으로 떨어질 운명이지만, 영원으로 운명 지어진 존재이기도 합니다. 그는 성전에서, 안식일에, 행동으로, 사제나 랍비의 말에 귀를 기울이며 기도하고 할렐루야를 외치는 전례에서, 모두가 하나 되는 파스카와 같은 거룩한 날에, '예배'를 통해 하느님께 나아갈 수 있습니다. 우리는 심원한 의미를 가진 주제 단어들, 곧 계약, 토라, 성실, 진리, 정의, 인식, 들음, 기억, 영적 가난 등을 폭넓게 숙고함으로써 성경 '신앙'의 위대한 장을 열게 될 것입니다.

복음서 저자들과 바오로 사도가 사용한 그리스어 배우기

구약 성경 히브리어 세계의 여정을 마치고 난 용기 있는 독자 앞에는 또 다른 여정이 열릴 것입니다. 그러나 이번에는 피곤함이 조금 덜할 것입니다. 그리스어는 서구의 많은 어휘들을 생산한 언어이고, 현대 서양은 고전 형태나 '헬레니즘'으로 정의된 그리스어의 문화유산을 이어받았습니다. 사실, 오늘날 영어가 널리 통용되는 것과 마찬가지로 로마 제국 시대 민중들 사이에서는 그리스어가 라틴어보다 더 널리 사용되었으며, '공통'의 언어라는 의미의 '코이네koinê'라 불리기도 했습니다. 거룩한 성경 저자들은 셈족 배경을 느끼게 하는 독특한 언어 유형학을 따르지만, 신약 성경을 구성하는 스물일곱 권의 책들도 그리스어로 집필되었습니다.

신약 성경에 사용된 그리스어 단어는 모두 138,020개입니다. 주된 어휘는 5,433개이며, 그 안에서도 신약 성경 신학 전체를 아우르는 매뉴얼을 형성할 수 있을 메시지를 담은 어휘 50여 개를 선정했습니다. 많은 단어들이 당대 로마 제국 전체에 널리 퍼져 사용되고 있었습니다. 초기 그리스도교는 단어들을 받아들여 새로운 의미를 부여하기도 했지만, 그 뜻이 크게 달라지지는 않았습니다.

이 점에 있어서 '복음 선포'에 대한 바오로 사도의 남다른 창의성이 두드러집니다. 이 두 번째 여정에서 발견할 수 있듯이, '복음 선포' 역시 몇몇 단어들과 마찬가지로 바오로 사도에게서 새로운 의미를 부여받았습니다. 그 예로 이 책은 오늘날에도 유사한 형태인 그리스어 알파벳 순서에 따라 'agápe사랑', 'hamartía죄', 'dikaiosýnê정의, 의로움', 'nómos법', 'pnéuma영', 'sárx살', 'cháris은총'와 같은 단어들을 살펴보기를 권합니다.

신약 성경의 복음서들과 다른 책들에서 이 단어들 중 더러는 다른 단어들과 함께 자체의 고유한 특성을 지닌 채 사용되는 것도 있습니다. 이 책의 폭넓은 설명을 따라 이 단어들을 이해하고 반복해 사용한다면, 독자들은 바오로 사도나 신약 성경의 다른 저자들의 말과 표현에 공감할 수 있을 것입니다. 이 시점에서 이 책은 자신의 도서관에 이 책을 두고픈 사람, 특히 연구로 심화하려는 사람에게 흥미로운 주제를 던집니다. 그것은 어쩌면 신약 성경의 독자들이 갖는 다음 두 가지 질문에 대한 대답이기도 합니다. '예수님은 어떤 언어를 구사하셨는가?', '예수님은 읽고 쓸 줄 아셨는가?'

예수님은 어떤 언어를 구사하셨는가?

예를 들어, 요한 복음서에서 예루살렘 성전 안에 이방인(이교인)도 들어갈 수 있는 '이방인의 뜰'에서 예수님과 그리스 사람 몇 명이 만났다는 이야기(요한 12,20-28 참조)에서, 또는 로마 법정에서 빌라도 총독과 대화를 나눈 이야기(요한 18,33-38 참조)에서 앞서 말한 첫 번째 물음을 제기할 수 있을 것입니다. 당시 로마 제국의 속주였던 팔레스티나에서는 네 개의 언어 곧 그리스어, 히브리어, 아람어, 라틴어가 사용되었습니다. 예수님의 십자가 위에 매단 명패에는 라틴어도 적혀 있었습니다(요한 19,20 참조). 그러나 라틴어는 로마 점령군 사이에서만 사용되었기에, 네 가지 언어 중 남은 것은 세 가지입니다.

로마 제국의 공용어였던 그리스어로 논의를 시작해 보겠습니다. 앞서 이야기했듯, 당시에는 그리스어가 오늘날의 영어처럼 통용되었습니다. 예루살렘에서는 특히 고위층이 상거래를 위해 주로 사용했습니다. 백성들은 '이방인', 즉 팔레스티나에 거주하는 외국인과 소통하기 위해 그리스어를 필수 언어로 받아들일 수밖에 없었습니다. 그러므로 예수님도 비유다인과 접촉하실 때나, 빌라도와 법정에서 대화하실 때 그리스어를 사용하셨을 것입니다. 훗날 신약 성경도 더욱 보편적 통교를 위해 그리스어를 적극 수용합니다. 다만, "예수님이 유다인들의 성읍과 마을에 등록되어 계시며 나자렛에서 목수로 일하실 때나 갈릴래아 여정에서나, 그 어디에서도 그리스어를 유창하게 사용하지는 않으셨을 것이다. 그러므로 예수님께서 당신 주위로 몰려든 군중에게 규칙적으로 그리스어로 가르치셨을 것이라고 볼 이유는 없다."라는 미국의 성서학자 마이어John P. Meier의 지적도 있습니다.

히브리어로 넘어가 볼까요? 바빌론 유배 이후 히브리어는 '사어死語화'되어, 당시 고대 근동의 공용어였던 아람어로 대체되어 갔다는 사실은 익히 알려져 있습니다. 그러나 사해 근처 쿰란에서의 고고학 발견에 의하면 히브리어는 전례어로서는 물론이고 문서에서도 결코 사라지지 않았습니다. 히브리어는 쿰란 사람들처럼 종교적이며 열성적인 유다인들의 지성인 그룹에 의해 주석-신학 토론에서 사용된 교양 언어였습니다. 루카 복음서 저자가 예수님께서 나자렛 회당에서 이사야 예언서의 말씀을 읽으셨다고 한 증언(루카 4,16-20 참조)에서도 알 수 있듯이, 아마도 예수님께서는 성경을 읽기 위해 나자렛 회당의 학교에서 히브리어를 배우셨을 것입니다. 적어도 복음서들이 증언하듯, 율법 학자들이나 바리사이들과 신학적 논쟁을 벌이실 때 예수님께서는 부분적으로 히브리어를 사용하셨을 것입니다.

그러나 농부들이나 어부들, 장인들 같은 평범한 유다인들에게 말씀하실 때에는 스승이신 예수님은 그들의 일상 언어였던 아람어를 사용하셨을 것입니다. 그렇다면 아람어는 어떤 언어였을까요? 구약 성경의 다니엘서 2-7장에서 사용된 4,828개 단어로 이루어진 '고전' 언어였을까요? 안타깝게도 그것을 정확히 파악할 수 있는 문헌 정보가 남아 있지 않아 막연한 추측만 가능합니다. 그러나 복음서들의 그리스어 행간에서 다뤄진 아람어를 엿볼 수 있습니다. 독일 학자 예레미아스Joachim Jeremias는 고유 명사와 형용사를 제외하면 복음서나 랍비 문헌에서 예수님이 사용하신 아람어 단어는 26개라고 밝혔습니다.

예수님께서 아버지 하느님을 부르신 칭호인 "아빠'abbà"(마르 14,36)를 떠올려 보십시오. 또는 "우리 빚을 없애 주시고"라고 기도하는 주님의 기도를 생각할 수도 있습니다. 여기서 '빚'은 그리스어와 히브리어가 아닌 오직 아람어(hoba')로 썼을 때만 '죄'도 의미합니다. 야이로의 딸에게 "소녀야, 일어나라talita' kum[탈리타 쿰]!"(마르 5,31 참조)라고 하신 말씀이나, 귀머거리에게 "열려라effata'[에파

타!"(마르 7,34)라고 하신 명령, 그리고 십자가에 달리신 그리스도께서 아람어로 시편 22편을 인용해 "저의 하느님, 저의 하느님, 어찌하여 저를 버리셨습니까Eloì, Eloì, lemà sabachtàni[엘로이 엘로이 레마 사박타니]?"(마르 15,34)라고 하신 유명한 장면도 생각해 볼 수 있습니다. 예레미아스는 예수님께서 공식 아람어의 갈릴래아 사투리를 사용하셨을 것이라 주장했습니다. 베드로 사도가 주님을 모른다고 부정할 때도, 그 자리에 있던 사람들은 "당신도 그들과 한패임이 틀림없소. 당신의 말씨를 들으니 분명하오."(마태 26,73)라고 베드로를 추궁했습니다.

결론적으로 예수님께서는 그리스어와 히브리어를 일정 수준 알고 계셨고, 청중에게는 아람어로 말씀하셨을 것입니다. 그러나 그 아람어는 오늘날 정확히 알 수 없으며, 이미 오랜 시간이 지난 탓에, 오늘날 불행하게도 지금은 전쟁으로 폐허가 된 시리아 남부의 말룰라Malula 같은 몇몇 지역에서 구사되는 아람어와 유사하다는 가설이 자유롭게 제기되는 상황입니다. 마이어 교수는 다음과 같이 주장했습니다. "네 가지 언어를 사용하는 지역에서 예수님은 사실상 두 가지 언어를 구사한 유다인이셨을 것이다. 하지만 세 가지 언어를 자유롭게 구사하지는 못하셨을 것이다." 더 현실적으로 말하자면, 예수님께서는 오늘날 우리가 만족스럽게 재구성할 수 없는 아람어로 말씀하셨습니다.

예수님은 읽고 쓸 줄 아셨는가?

고대 근동에서는 생생하고 활발한 기억에 의존한 구전 문화가 중요했습니다. 이 물음에 대답하기 위해서는 복음서의 세 단락을 검토할 필요가 있습니다. 먼저 요한 복음서에는 예루살렘 유다인들이 예수님을 관찰한 기록이 있습니다. "저 사람은 배우지도 않았는데 어떻게 성경을 잘 알까?"(요한 7,15). "성경을 알다grámmata óiden."라는 그리스어 문장은 단순히 '읽을 줄 알다'라는 의미일 수도 있습니다. 그러나 유다인들이 예수님을 고발하는 것은 예수님께서 랍비나 스승들이 운영하는 학교에 다니지 않았으면서 공개적으로 사람들을 가르치는 것에 대한 고발이며, 유다인들의 질문은 성경에 대한 지식을 향합니다. 따라서 이 질문 속 유다인들의 진술은 예수님께서 놀랄 만한 수준의 신학적 소양cultura teologica을 갖추셨다는 의미일 수 있습니다.

예수님께서 읽을 줄 아셨다는 기록은 루카 복음서에서 명확히 드러납니다(루카 4,16-30). "(예수님께서) 성경을 봉독하려고 일어서시자, 이사야 예언자의 두루마리가 그분께 건네졌다. 그분께서는 두루마리를 펴시고 이러한 말씀이 기록된 부분을 찾으셨다. "주님께서 나에게 기름을 부어 주시니 주님의 영이 내 위에 내리셨다.""(루카 4,16-18). 예수님께서는 예언서 봉독을 마치시고 시중드는 이에게 두루마리를 말아 돌려주신 후 '강론'을 시작하셨습니다. 그러므로 그리스도는 읽을 줄 아셨습니다. 쓰는 것은 어떠셨을까요? 당시는 읽기와 쓰기가 반드시 연결될 필요는 없었습니다. 회당의 학교에서 진행된 학습은 주로 뛰어난 기억, 특히 셈족의 생생한 기억에 의존하는 '구전'으로 진행됐기 때문입니다. 그러나 읽을 줄 아셨다면 자연스레 쓰실 줄도 아셨으리라 추측할 수는 있습니다.

막연하게나마 예수님의 쓰기 능력에 대한 유일한 암시는 요한복음서에 등장합니다. 간음한 여자와 고소인들 앞에서 예수님은 "몸을 굽히시어 손가락으로 땅에 무엇인가 쓰기 시작하셨습니다."(요한 8,6). 예수님께서 쓰신 것이 무엇인지에 대한 가설이 무성해졌습니다. 혹자는 "이스라엘의 희망이신 주님, 당신을 저버린 자는 누구나 수치를 당하고 당신에게서 돌아선 자는 땅에 새겨지리이다."(예레 17,13)라고 한 예레미야 예언서를 적었다고 주장했습니다. 또는 "악인과 손잡고 거짓 증인이 되어서는 안 된다."(탈출 23,1)라고 한 탈출기의 규정을 떠올린 사람도 있었습니다. 또 다른 사람들은 "너희 가운데 죄 없는 자가 먼저 저 여자에게 돌을 던져라."(요한 8,7)라고 하신 말씀을 미리 적은 것이라고 주장했습니다.

그러나 예수님께서 깊게 생각하신 것이 아니라 그저 땅에 선을 그리셨거나 문자를 적으셨다는 것이 더욱 그럴듯한 해석일 수 있습니다. 마치 우리가 다른 사람의 말을 들으면서도 관심을 두지 않고 일정한 거리를 유지하면서 무언가를 낙서할 때처럼 말입니다.

예수님의 쓰기 능력에 대해서는 역사적 관점에서 상당한 가능성이 있기는 하지만, 이 책에서 명확한 직접 증거를 제시할 수는 없을 것입니다.

이제부터 성경 언어의 지식에 관한 흥미로운 모험을 시작하고자 합니다. '흥미 있는curioso'이라는 형용사의 어원은 라틴어 'cura'로, 이 단어에는 '수고, 관심, 돌봄, 근심, 걱정' 등의 뜻이 담겨 있습니다. 우리가 흔히 말하듯, 이는 '돌봄', 곧 '관심을 가지고 보살피는 마음'을 의미합니다. 신앙은 단순한 공부나 지식의 습득을 넘어, 때로는 고단하기까지 한 '앎의 여정'을 포함합니다. 앞에서도 이미 언급했듯이, 히브리어 성경과 그리스어 성경을 라틴어로 옮긴 위대한 번역가 예로니모 성인은 이렇게 고백했습니다. "나는 자주 절망했고 여러 차례 포기했지만, 결국 배우겠다는 끈질긴 결심을 하고 다시 시작했다."

'성경의 내용'을 그토록 끊임없이 연구했던 그는 마지막으로 호소합니다. "거룩하시고 성경을 읽으셨으며, 예언자들을 알고 계셨고 … 구유에 누워 울고 있는 갓난아이, 자기 아들을 보셨지만, 그분이 하느님의 아들이심을 아셨고, 자신이 읽고 들었던 예언자들의 말씀과 비교해 보셨던 마리아를 본받아 거룩한 성경을 자주 읽으시오. 그 거룩한 책을 절대로 손에서 내려놓지 마시오."

구약

구약 성경	약칭	원표기	구약 성경	약칭	원표기
오경	창세	창세기	시서와 지혜서	잠언	잠언
	탈출	탈출기		코헬	코헬렛
	레위	레위기		아가	아가
	민수	민수기		지혜	지혜서
	신명	신명기		집회	집회서(시라)
역사서	여호	여호수아기	예언서	이사	이사야서
	판관	판관기		예레	예레미야서
	룻	룻기		애가	애가
	1사무	사무엘기 상권		바룩	바룩서
	2사무	사무엘기 하권		에제	에제키엘서
	1열왕	열왕기 상권		다니	다니엘서
	2열왕	열왕기 하권		호세	호세아서
	1역대	역대기 상권		요엘	요엘서
	2역대	역대기 하권		아모	아모스서
	에즈	에즈라기		오바	오바드야서
	느헤	느헤미야기		요나	요나서
	토빗	토빗기		미카	미카서
	유딧	유딧기		나훔	나훔서
	에스	에스테르기		하바	하바쿡서
	1마카	마카베오기 상권		스바	스바니야서
	2마카	마카베오기 하권		하까	하까이서
시서와 지혜서	욥	욥기		즈카	즈카르야서
	시편	시편		말라	말라키서

신약

신약 성경	약칭	원표기	신약 성경	약칭	원표기
복음서	마태	마태오 복음서	서간	1티모	티모테오에게 보낸 첫째 서간
	마르	마르코 복음서		2티모	티모테오에게 보낸 둘째 서간
	루카	루카 복음서		티토	티토에게 보낸 서간
	요한	요한 복음서		필레	필레몬에게 보낸 서간
사도행전	사도	사도행전		히브	히브리인들에게 보낸 서간
서간	로마	로마 신자들에게 보낸 서간		야고	야고보 서간
	1코린	코린토 신자들에게 보낸 첫째 서간		1베드	베드로의 첫째 서간
	2코린	코린토 신자들에게 보낸 둘째 서간		2베드	베드로의 둘째 서간
	갈라	갈라티아 신자들에게 보낸 서간		1요한	요한의 첫째 서간
	에페	에페소 신자들에게 보낸 서간		2요한	요한의 둘째 서간
	필리	필리피 신자들에게 보낸 서간		3요한	요한의 셋째 서간
	콜로	콜로새 신자들에게 보낸 서간		유다	유다 서간
	1테살	테살로니카 신자들에게 보낸 첫째 서간	묵시록	묵시	요한 묵시록
	2테살	테살로니카 신자들에게 보낸 둘째 서간			

차 례

【일러두기】

1. 히브리어의 읽는 순서는 오른쪽에서 왼쪽입니다.
2. '유대교', '유대인' 등의 표기는 성경 전통에 더 충실하기 위해 '유다교', '유다인' 등으로 표기했습니다.

'ADAM 아담
사람

אָדָם

m da ʾa

구약 성경에 554번이나 등장하는 이 히브리어 단어를 모르는 사람은 매우 드물 것입니다. 흥미롭게도 에제키엘 예언자는 '사람의 아들'이라는 문구로 이 단어를 132회나 사용합니다. 창세기의 첫 열한 개의 장에서 모두 46회가 사용된 'adam[아담]은 첫 인간 아담의 이름이기도 하지만, 정관사 ha-[하]가 붙으면 보편적으로 '사람'을 의미합니다. 이 단어는 인류, 곧 우리의 아버지와 우리와 우리 자녀들 모두를 하나로 묶어 가리킵니다. 그렇기 때문에 인종차별이라는 부조리는 성립될 수 없습니다. '아담'이라는 단어의 근원에는 단 하나의 인류, 인간이라는 존재가 있기 때문입니다.

'adam의 기본 의미는 인간이 만들어진 땅의 '불그레한' 흙 색깔입니다. "그때에 주 하느님께서 흙'adamah[아다마]의 먼지로 사람ha-

'adam[하아담]을 빚으시고"(창세 2,7)라는 구절에서 '흙으로 만들어진 존재'를 의미하는 아담의 물질적 실재와 '땅'은 분명 연관이 있습니다. 무엇보다도 그 연결은 불그레한 빛깔 때문에 dam[담], 곧 '피'와도 암묵적으로 이어지는 'adam/'adamah의 언어적 근거를 통해 표현됩니다.

이 시점에서 '사람persona umana'에 대한 광범위한 담론을 시작해야 합니다. 그 담론은 기술적으로 인간(그리스어 ánthropos)의 연구, 곧 '인간학Antropologia'으로 정의됩니다. 창세기 첫 장들에 근거해 우리가 기억할 수 있는 몇 가지 요소들을 다음과 같이 나열할 수 있습니다.

먼저 '자유'라는 주제입니다. 인간은 '선과 악을 알게 하는' 상징적인 나무 아래에 서 있습니다. 이는 곧 자유로운 도덕적 결정을 의미합니다. 인간은 창조주로부터 그 나무의 열매, 즉 선과 악에 대한 객관적인 기준을 '받을 수'도 있지만, 불행하게도 그 대신 그것을 '붙잡고 훔쳐', 스스로 무엇이 진리이고, 정의롭고, 선하며 혹은 거짓되고, 불의하며, 악한 것인지를 '주관적으로 결정'하려 합니다. 이것이 이른바 '원죄'이며, "하느님처럼 되어서 선과 악을 알게"(창세 3,5) 되기를 원하는 것입니다.

인간의 또 다른 중요한 요소는 그가 맺은 삼중의 관계입니다. 사실 인간은 높은 곳, 즉 생명을 주시는 하느님을 향해야 하며, 낮은 곳, 다시 말해 "일구고 돌보게"(창세 2,15) 하신 땅과 이름을 붙여 존재를 규정해야 할 동물들을 향하고 있습니다(창세 2,19-20 참조). 그러나 완전함은 세 번째 관계인 "알맞은 협력자", 히브리어를 직역하면 얼굴과 얼굴, 눈과 눈을 마주하고 '앞에 서 있는' 협력자와의 수평적 시선과 함께 도달합니다. 그것은 여자와의 관계, 곧 이웃과 인류와의 관계입니다.

성경 저자가 상징으로 사용한 '갈빗대'는 히브리어 원문에서 '옆구리'를 가리킵니다. 그 사람 곁에 선다는 것은 살과 영으로 동등한 동반자임을 뜻합니다(창세 2,21-23). 이 맥락에서 현대어로 번역하기 어려운 언어유희가 등장합니다. "남자'ish[이쉬]에게서 나왔으니 여자'isshah[이샤]라 불리리라."(창세 2,23). 직관적으로 알 수 있듯, 두 단어는 동일한 어근에서 나온 이름으로, 하나는 남성형 'ish, '남자', 다른 하나는 여성형 'isshah, '여자'입니다. 이는 남자와 여자를 하나로 이어 주는 공동 실재를 가리키기 위한 것입니다.

바로 이러한 친교와 사랑의 관계, 출산 능력을 지닌 관계가 창조주의 "모습"이 됩니다. "하느님께서는 이렇게 당신의 모습으로 사람을 창조하셨다. 하느님의 모습으로 사람을 창조하시되 남자와 여자로 그들을 창조하셨다."(창세 1,27). 하느님을 가장 닮은 조각상은 돌로 만든 형상이 아니라, 사랑을 통해 생물학적으로나 영성적으로나 풍부한 이중성을 가진 살아 있는 인간입니다.

אָמַן/אֱמֶת

n ma ʾa t me ʾe

우리는 주님의 기도나 성모송 등 그리스도교의 공적 기도를 마칠 때, 또는 전례 거행 중에 사제의 기도에 응답하면서 약간 변형된 히브리어 단어를 사용합니다. 그것은 ’aman[아만]이라는 동사에 기초를 둔 종결구 amen[아멘]입니다. 구약 성경에서 적어도 330회 사용된 이 동사는 직역하면 ‘안전하다, 튼튼하다’, 다시 말해 집이 폭풍에 휩쓸려 가지 않도록 바위 위에 굳건히 세워져 있는 상태를 뜻합니다.

예수님께서 산상 설교를 마무리하시며 들려주신 비유도 바로 이것을 보여 줍니다. 예수님은 집을 짓는 두 사람, 곧 자신의 집을 짓기 위하여 단단한 반석을 선택한 사람과 해변의 모래 위에 집을 짓는 어리석은 사람을 대비시키십니다(마태 7,24-27 참조). 이제 우리가 설명하고자 하는 히브리어 단어 'èmet[에메트]는 바로 그 동사에서 파생된 말입니다. 실제로 현대어 번역에서는 이 단어를 한 낱말로 옮길 수 없기에, 진리, 성실, 신뢰, 믿음, 안전, 안정 등 다양한 표현을 선택해야 합니다.

프랑스 학자 무냉Georges Mounin은 번역이라는 행위에 관한 글에 「아름답지만 불충실한 여자La bella infedele」라는 제목을 붙였습니다. 한 언어에 들어 있는 수많은 의미의 뉘앙스(특히 셈족 언어처럼 다른 문화에 속할 때)를 한 단어에 다 담을 수는 없습니다. 그러므로 어떤 의미를 잘라 내어 원서에 불충실한 의미를 만들어 내는 것은 위험합니다.

'èmet는 하느님과 그분의 백성을 결속시키는 관계의 복합성을 표현하려는 데 사용되는 낱말 중 하나입니다. 이 관계는 '계약, 책임, 조약'으로 표현된 단어 berît[브리트]라는 말로도 드러나지만, 'èmet는 하느님께도 적용될 수 있고, 이스라엘과 온 인류에 대해서도 적용될 수 있습니다. 그러므로 시편 저자는 주님께 다음과 같이 부르짖습니다. "주님, 당신의 자애는 하늘에 있으며 당신의 성실'èmet은 구름까지 닿습니다. … 당신의 진리'èmet 위를 걷게 하시고 저를 가르치소서. 당신께서 제 구원의 하느님이시니 날마다 당신께 바랍니다."(시편 36,6; 25,5).

예언자 하바쿡도, 특히 바오로 사도가 중요하게 여겨 로마 신자들에게 보낸 서간 1장 17절에서 인용하고 설명한 병행 구절에서 다음과 같이 주장합니다. "그러나 의인은 성실함('èmet, 신앙)으로 산다."(하바 2,4). 나아가 시편 저자는 하느님과의 계약에 있어 전형적인 두 덕목을 함께 설명합니다. 선, 사랑, 자애를 뜻하는 ḥèsed([헤세드], ḥ는 유기음有氣音)와 'èmet를 언급하면서 그 둘이 손을 맞잡고 역사의 길을 걷는 것을 상상하고 있는 것입니다. "자애 ḥèsed와 진실'èmet이 서로 만나고 정의와 평화가 입 맞추리라."(시편 85,11). 보다시피 여기에는 하느님과의 계약을 특징짓는 또 다른 두 덕, 정의와 평화가 함께 나타납니다.

다양한 실재 안에 숨어 있는 것을 표출한다는 의미의 그리스어 '진리alètheia'와 달리, 성경에서 진리는 하느님이 계시하시는 것을 믿는 것이며, 하느님을 신뢰하고 중요하게 받아들이며 의지하는 것입니다. 다음 시편 저자는 우리의 '아멘'과 'èmet에서 전제하는 태도를 정의하는 데 더욱 적합한 표상을 간결하면서도 매우 달콤한 시로 제시해 줍니다. "오히려 저는 제 영혼을 가다듬고 가라앉혔습니다. 어미 품에 안긴 젖 뗀 아기 같습니다. 저에게 제 영혼은 젖 뗀 아기 같습니다."(시편 131,2).

'ÈREṢ 에레츠
땅

אֶרֶץ

ṣ re ʾe

"한처음에 하느님께서 하늘과 땅을 창조하셨다."(창세 1,1). 여기에서 성경의 첫 구절을 인용하는 이유는 '땅'을 뜻하는 'ereṣ([에레츠]. ṣ는 강한 z 또는 tz로 발음)에 집중하기 위해서입니다. 구약 성경에서 네 번째로 많이 등장하는 명사 'ereṣ는 모두 2,504회 나타나며, 성경의 또 다른 소수 언어인 아람어 형태로도 22회 등장합니다. 몇 줄 뒤에는 "하느님께서는 뭍을 땅'ereṣ이라, 물이 모인 곳을 바다라 부르셨다."(창세 1,10)라는 구절을 읽습니다. 그러나 'ereṣ는 성경에서 특별한 의미를 지니며, 이를 설명하기 위해 일종의 독특한 '땅의 신학geo-teologia'을 제시하는 본문을 살펴보고자 합니다.

"주 너희 하느님께서는 너희를 좋은 땅으로 데리고 가신다. 그곳은 물이 흐르는 시내와 샘이 있고, 골짜기와 산에서는 지하수가 솟아 나오는 땅이다. 또 밀과 보리와 포도주와 무화과와 석류가 나는 땅이며, 올리브 기름과 꿀이 나는 땅이다. 그곳은 너희가 모자람 없이 양식을 먹을 수 있고, 아쉬울 것이 하나도 없는 땅이며, 돌이 곧 쇠이고, 산에서는 구리를 캐낼 수 있는 땅이다. 너희는 배불리 먹고, 주 너희 하느님께서 너희에게 주신 좋은 땅 때문에 그분을 찬미하게 될 것이다."(신명 8,7-10). 이집트 탈출 후, 하느님께서 이스라엘 백성에게 선물로 주신 가나안 땅을 이처럼 열정적으로 극찬하는 것은 성경 신학에서 취하고 있는 종교적, 이상적 차원을 'ereṣ, 곧 '땅'의 의미로 드러내는 것입니다.

무엇보다도 땅은 주님께서 성조 아브라함에게, 히브리 백성의 기원에서 해 주신 약속의 대상입니다. "네 고향과 친족과 아버지의 집을 떠나, 내가 너에게 보여 줄 땅으로 가거라."(창세 12,1). 또한 신약 성경의 장대한 저술인 히브리인들에게 보낸 서간에서도 다음과 같이 주목합니다. "믿음으로써, 아브라함은 장차 상속 재산으로 받을 곳을 향하여 떠나라는 부르심을 받고 그대로 순종하였습니다. 그는 어디로 가는지도 모르고 떠난 것입니다. 믿음으로써, … 약속받은 땅에서 살았습니다."(히브 11,8-9 참조). 이스라엘 역사는 그 순간부터 사랑받는 땅, 이상화된 땅과 연결되어 있습니다. 이집트 탈출 이후, 하느님께서 장엄하게 선물로 주신 그 땅은, 그곳으로 들어가기 직전에 여호수아가 선포한 일종의 이스라엘의 신앙 고백에서도 믿음의 선물로 받아들일 정도였습니다. "그러고 나서 나는 너희에게 너희가 일구지 않은 땅과 너희가 세우지 않은 성읍들을 주었다."(여호 24,13).

그러나 땅은 선택된 백성이 완수해야 할 과업의 자리이기도 합니다. 이 과업은 그들이 그 땅에 들어간 뒤 각 지파에게 나누어 주신 몫에서 수행해야 할 일들뿐 아니라, 주님께 대한 충실함을 통해서도 이루어져야 합니다. 이러한 과업은 땅을 "일구고 돌보게"(창세 2,15) 하신 인류 전체에게도 해당됩니다.

이런 이유로 이스라엘이 우상 숭배로 땅을 더럽혔을 때 주님께서는 그들에게서 땅의 소유권을 박탈하셨습니다. 실제로 기원전 586년 네부카드네자르의 군대가 예루살렘을 파괴하자 히브리 백성은 바빌론으로 유배되었고, 이후 이상적인 정화가 이루어진 뒤에야 조상들의 땅으로 돌아올 수 있었습니다. 기원전 6세기의 예언자, 이른바 제2 이사야는 이 귀환의 여정을 해방의 새 탈출에 비견하며 칭송합니다.

이러한 관점에서, 원주민들이 붙인 명칭인 가나안 땅, 또는 고대부터 이곳에 정착해 살던 필리스티아인들의 땅이라는 뜻의 팔레스티나 또는 '이스라엘', 또는 구약 성경의 정의처럼 '그 땅la Terra'은 점차 특히 그리스도교 전통에서 '거룩한 땅Terra santa'이 됩니다. 이는 솔로몬의 지혜서가 바로 이 표현을 사용한 데에서 비롯된 흐름입니다(지혜 12,3 참조). 이렇게 해서 그 땅은 점차 더 이상 지리적 공간이 아니라 요한 묵시록에서 노래한, 하늘에서 내려오는 새 예루살렘과 유사한 완전한 지평을 불러일으키는 하나의 상징이 됩니다. 히브리인들에게 보낸 서간은 이러한 관점에서 우리에게 폭넓은 묵상을 제시하면서(히브 3,7-4,11 참조), 사람들이 고대하던 땅에 대한 정의를 의인들이 누릴 충만하고 완전한 '안식'으로 규정합니다.

그러므로 우리는 예수님께서 말씀해 주신 참행복을 이해할 수 있습니다. "행복하여라, 온유한 사람들! 그들은 땅을 차지할 것이다."(마태 5,5). 땅은 이제 공간적 지역의 의미가 거의 사라지고, 하느님과의 삶과 친교를 가리키는 새로운 지평이 되었습니다. 이러한 배경으로 시편 37편을 다시 읽어 봅시다. "주님을 신뢰하며 선을 행하고 이 땅에 살며 신의를 지켜라. … 주님께 희망을 두는 이들은 땅을 차지하리니. … 가난한 이들은 땅을 차지할 것이다."(시편 37,3.9.11 참조).

BAJIT 바이트 | BÊT 베트
집, 집안, 가족

בַּיִת/בֵּית

t ê b   t jiba

bajit/bêt[바이트/베트]는 구약 성경의 중요한 히브리어 단어들을 살펴보는 여정에 함께하는 독자들 대부분이 알고 있는 명사입니다. 요셉이 임신한 아내 마리아와 함께 "갈릴래아 지방 나자렛 고을을 떠나 유다 지방, 베들레헴이라고 불리는 다윗 고을로 올라갔다."(루카 2,4)라고 한 루카 복음서의 구절은 많은 이들이 이미 알고 있습니다. 그리고 역시 많은 이들이 베들레헴은 '빵의 집'이라는 의미임도 잘 알고 있습니다.

실제로 베들레헴에는 구약 성경에 2,048회나 등장할 정도로 매우 흔한 히브리어 낱말, bajit/bêt(집, 집안, 가족)가 들어 있습니다. 이 낱말은 특정한 문법 규칙에 따라 두 개의 병행 형태로 사용됩니다. 복음서에서는 저 용어가 합성된 지명들을 자주 볼 수 있습니다. 즉 벳-사이다(Bet-saida, 물고기의 집), 베-타니아(Bet-ania, 가난한 이 또는 아나니아의 집), 벳-파게(Bet-fage, 무화과나무의 집), 예수님께서 마비 환자를 고쳐 주신 예루살렘 성전의 '양 문' 곁에 있는 못의 이름인 벳-자타(Bet-esda, 자비의 집) 등입니다(요한 5,1-9 참조). 창세기에서 성조 야곱의 기억과 연결된 중심지인 성소 베텔(Bet-el, 하느님의 집)도 유명합니다(창세 28,19 참조).

bajit/bêt는 시온의 성전을 정의할 때에도 사용됩니다. 이에 대해서는 메시아 전통에서 매우 중요한 단락을 살펴보아야 합니다. 사무엘기 하권 7장에는 예언자 나탄이 다윗 임금에게 전해야 하는 하느님의 신탁에 대한 내용이 언급됩니다. 사실 여부스족이 토착민으로 살고 있던 성읍 예루살렘을 점령한 후 예루살렘을 자기 왕국의 수도로 정한 다윗은 bajit/bêt, 곧 주님을 위한 집을 가리키는 성전을 지으려 했습니다.

그러나 놀랍게도 하느님의 이름으로 나온 예언자의 대답은 다음과 같았습니다. "내가 살 집bajit을 네가 짓겠다는 말이냐? … 주님이 너에게 한 집안bajit을 일으켜 주리라고 선언한다."(2사무 7,5.11). 우리는 bajit/bêt가 물질적 건물, 곧 집과 성전뿐 아니라, 그곳에 거주하고 있는 사람들, 즉 후손과 함께 한 가족, 집안, 왕실이라는 의미도 포함한다는 것을 기억해야 합니다.

예언자 나탄이 다윗 임금에게 전하는 분명한 메시지는 메시아 약속의 기초를 이룹니다. 주님은 거처하실 성전, 공간적 의미의 거룩한 '집'을 요구하시지 않습니다. 그 대신 주님께서 다윗에게 '집', 다시 말해 '집안', 지고한 '다윗의 아들', 곧 하느님께서 메시아를 일으키실 그 순간까지 당신의 구원적 현존으로 활동하시게 될 그 후손을 그에게 선물로 주실 것입니다. 바로 이런 이유로 그리스도교는 이 예언 신탁 안에서, "다윗의 자손이시며 아브라함의 자손이신 예수 그리스도의 족보"(마태 1,1-17)에서 오랫동안 기다려 온 메시아이신 예수 그리스도의 모습을 들여다보았던 것입니다.

마지막으로 유다의 임금에게 주신 그 하느님의 약속을 되새기고 해설하는 시편 저자의 목소리에 귀 기울여 봅시다. "나는 내가 뽑은 이와 계약을 맺고 나의 종 다윗에게 맹세하였노라. "영원토록 네 후손을 굳건히 하고 대대로 이어질 네 왕좌를 세우노라." 그는 나를 불러 '당신은 저의 아버지 저의 하느님, 제 구원의 바위이십니다.' 하리라. 나도 그를 맏아들로, 세상 임금들 가운데 으뜸으로 세우리라. 그의 후손들은 영원히 존속하고 그의 왕좌는 태양같이 내 앞에 있으리라."(시편 89,4-5.27-28.37).

BEN 벤: 아들
’AB 압: 아버지

בֵּן/אָב

b ʾa n be

구약 성경에서 하느님의 거룩한 이름 Jahweh 다음으로 가장 많이 사용된 히브리어 명사가 ‘아들’이라는 의미의 ben[벤]이라는 사실에 놀라는 이들이 많을 것입니다. 이 단어는 모두 4,929회나 등장합니다. 사실 대대로 이어지는 연속성의 측면에서 가족은 성경 개념의 근본적 요소입니다. 또한 ben이 어원학적으로 히브리어 동사 banah, 곧 ‘건설하다, 세우다’와 연결되어 있다는 것은 매우 의미심장합니다. 집에 돌로 지은 벽이 있는 것과 마찬가지로 가족에는 살아 있는 돌들인 자식들이 있습니다.

시편 저자가 이러한 표상을 발전시키고 있음은 시사하는 바가 큽니다. “주님께서 집을 지어banah 주지 않으시면 그 짓는 이들의 수고가 헛되리라. … 보라, 아들들ben은 주님의 선물이요 몸의 소생은 그분의 상급이다. 젊어서 얻은 아들들ben은 전사의 손에 들린 화살들 같구나."(시편 127,1.3-4). 아기 요람이 텅 빈 인구 통계학적 위기의 시대인 오늘날, 이와 같은 따듯한 호소가 다시금 울려 퍼져야 합니다. 또 다른 시편에서도 그런 호소가 아름답게 울려 퍼집니다. "우리 아들들은 어릴 때부터 무성히 자라는 초목 같고 우리 딸들은 궁전 양식으로 다듬어진 모퉁이 기둥 같으리라."(시편 144,12).

다른 곳에서 형제들('aḥ[아흐])과 어머니('em[엠])가 등장하듯, 딸들도 이 아름다운 시적 정경의 무대에 오릅니다. 딸을 의미하는 히브리어 bat[바트]는 579회 사용되었습니다. 그러나 고대 근동 세계의 남성 중심주의 문화에서 우위를 차지하는 것은 'ben아들'입니다. 이 단어는 사람의 이름에서도 사용됩니다. 예를 들어 벤-야민은 히브리어로 '오른쪽의 아들', 곧 행운의 아들을 뜻합니다(창세 35,18 참조). 예언자 에제키엘과 예수님에게도 매우 소중한 표현인 '사람의 아들', '빛의 아들', '게헨나의 아들', 곧 지옥의 아들, 그리고 예수님을 배반한 유다 이스카리옷을 표현하는 '파멸의 아들'과 같은 표현들에서 볼 수 있는 것처럼, ben은 은유적으로도 사용됩니다.

가부장적 문화에서 볼 때, 문화의 근본이 되는 낱말은 다른 어휘, 곧 성경에서 1,211회 사용되는 'ab[압], '아버지'입니다. 그러나 이 용어는 종종 아내 또는 어머니와 연결되어 나타납니다. 이는 십계명의 유명한 네 번째 계명에서 시작됩니다. "아버지'ab와 어머니를 공경하여라. 그러면 너는 주 너의 하느님이 너에게 주는 땅에서 오래 살 것이다."(탈출 20,12). 시편에서 표현하는 장면은 매우 감미롭습니다. "네 집 안방에는 아내가 풍성한 포도나무 같고 네 밥상 둘레에는 아들들이 올리브 나무 햇순들 같구나."(시편 128,3).

무엇보다도 구약 성경에서 하느님은 메시아 임금으로부터 '아버지'로 불렸습니다. "당신은 저의 아버지, 저의 하느님, 제 구원의 바위이십니다."(시편 89,27). 그리스도인에게 있어 하느님의 부성은 예수님의 제자들의 명확한 기도인 '주님의 기도'에서 잘 드러납니다. 그중에서 'abbà[압바]라는 단어를 특별히 살펴볼 필요가 있습니다. 히브리어의 자매 언어인 이 아람어 단어는 'ab의 변이 형태이지만, '아빠'라는 친숙한 가치를 가지고 있습니다. 그러므로 우리는 특히 겟세마니에서 죽음을 앞두고 당신의 천상 아버지에 대해 이 용어를 사용하신 예수님의 독창성을 이해할 수 있습니다. "아빠'Abbà! 아버지! 아버지께서는 무엇이든 하실 수 있으시니, 이 잔을 저에게서 거두어 주십시오."(마르 14,36).

또한 바오로 사도는 그리스도를 따라 하느님께 신뢰와 친밀감을 가지라고 그리스도인들에게 가르칠 것입니다. "여러분은 사람을 다시 두려움에 빠뜨리는 종살이의 영을 받은 것이 아니라, 여러분을 자녀로 삼도록 해 주시는 영을 받았습니다. 이 성령의 힘으로 우리가 "아빠'Abbà! 아버지!" 하고 외치는 것입니다."(로마 8,15).

Ba‘al 바알
주님, 주인, 남편

בַּעַל

l ʿa ba

도미니코회 수사 신부 드보(Roland de Vaux, 1903-1971년)는 성경 속 이스라엘의 고대 지역에 대한 가장 위대한 고고학자 가운데 한 사람이었으며, 구약 성경 제도들을 깊이 연구하는 데 심혈을 기울인 저명한 학자였습니다. 그는 구약 성경에 84회 등장하는 낱말 ba‘al[바알]*에 관하여 다음과 같이 기록했습니다. “남편은 아내의 ba‘al, 곧 그의 주인으로 규정되었다. 남편은 한 가정이나 지역의 ba‘al과 같았다. 혼인한 여자는 ba‘al의 ‘소유’이며, 이러한 이유로 남자에게 있어 ‘혼인하다’라는 말은 ba‘al과 동일한 어근을 가진 동사로 표현되어, 여자의 주인이 되고, 주님이 된다는 뜻을 가졌다.”

그 시대 사회가 얼마나 남성 중심적이고 가부장적이었는지 분

---

* ba‘al에 들어 있는 전도된 부호는 서양인이 발음하기 힘든 유기음을 가리킨다.

명히 드러납니다. ba'al이라는 용어가 지닌 '주님, 주인, 남편, 신랑' 등의 의미 자체가 그 사회를 명확히 말해 줍니다. 물론 이스라엘을 주님의 신부로 묘사하는 혼인 상징은 이런 강경함을 어느 정도 부드럽게 합니다. 이사야서의 한 구절에서 이를 확인할 수 있습니다. "너를 만드신 분이 너의 남편ba'al, 그 이름 만군의 주님이시다. 이스라엘의 거룩하신 분이 너의 구원자 그분께서는 온 땅의 하느님이라 불리신다."(이사 54,5).

그러나 구약 성경에서 ba'al이라는 용어는 84회 중 58회에 걸쳐 시로-팔레스티나의 토착민들인 가나안인들의 모든 신들pantheon 중 최고신의 이름으로 사용됩니다. ba'al은 다산을 상징하는 황소, 송아지의 표상으로 표현되었으며, 가나안인들은 땅을 비옥하게 하고 풍성한 열매를 맺게 하는 비를 그의 생식력 있는 씨앗으로 보았습니다. 탈출기 32장의 금송아지 숭배 이야기를 떠올려 보십시오. 이스라엘은 자주 이러한 현실적인 다산 숭배의 유혹을 받았습니다. 그 숭배에는 특히 그 종교의 남녀 제사관들과의 성관계까지 포함되었으며, 성경은 그들을 가리켜 '창녀(남창)들' 또는 부정한 짐승으로 여겨진 '개들'이라고 규정하였습니다.

판관기에서는 다음과 같이 지적합니다. "이스라엘 자손들은 바알들ba'al을 섬겨 주님의 눈에 거슬리는 악한 짓을 저질렀다. 그들은 저희 조상들의 하느님이신 주님, 저희 조상들을 이집트 땅에서 이끌어 내신 주님을 저버리고, 주위의 민족들이 섬기는 다른 신들을 따르고 경배하여, 주님의 화를 돋우었다. 그들은 주님을 저버리고 바알ba'al과 아스타롯을 섬겼다."(판관 2,11-13). 아스타롯은 신들의 최고신인 ba'al과 함께한 여성 신들이었습니다. 이 이름에 담긴 의미의 유희는 이사야 예언자가 잘 표현하였습니다. "주 저희 하느님, 당신 아닌 상전들ba'al이 저희를 지배하였으나 저희는 당신만을, 당신 이름만을 생각하였습니다."(이사 26,13).

이와 같은 암시적 표현과 관련하여 언급할 만한 구절이 기원전 8세기에 작성된 호세아 예언서에 있습니다. 호세아는 아내의 배신으로 불행한 혼인 생활을 했습니다. 그럼에도 그는 여전히 아내를 사랑하며, 회개하고 돌아온 아내를 다시 끌어안게 되기를 바랍니다. 예언자는 자신의 이런 체험을 이스라엘의 우상 숭배라는 불충실과 당신 백성과 새롭게 혼인 관계를 맺고자 하시는 주님의 바람을 드러내는 비유로 바꾸어 표현합니다.

이에 호세아는 다음과 같은 언어유희를 사용합니다. "주님의 말씀이다. 그날에는 네가 더 이상 나를 "내 바알ba'al!"이라 부르지 않고 "내 남편'ish!"이라 부르리라. 나는 그 여자의 입에서 바알들ba'al의 이름을 치워 버리리니 그 이름이 다시는 불리지 않으리라."(호세 2,18-19).

예언자가 겪은 인간적 사랑의 이야기 속에는, 이스라엘이 한 분이신 하느님을 저버리고 바알을 섬겼던 불충실의 역사와, 그럼에도 불구하고 이스라엘이 오직 한 분 하느님께로 돌아오기를 바라는 회개의 희망이 함께 흐르고 있습니다.

또한 성경에는 또 다른 풍자적 언어유희가 등장합니다. 즉 가나안 신에게 붙여진 칭호 Ba'al Zebûl[바알 제불], 곧 '바알 왕자'가 경멸적으로 Ba'al Zebûb([바알 제붑] 또는 [바알 즈붑]), 곧 '파리들의 왕자'로 바뀌어 쓰입니다(2열왕 1,2-3.6.16 참조). 복음서에서는 이 이름이 '베엘제불'이라는 마귀의 이름으로 등장하며, 베엘제불은 예수님과 바리사이인들 사이의 논쟁 주제가 되기도 합니다(마태 12,22-30 참조).

BARA' 바라
창조하다

בָּרָא

ʾ ra ba

"한처음에 하느님께서 하늘과 땅을 창조하셨다."(창세 1,1)라는 익숙한 성경 첫 문장의 히브리어 원어는 "Bereshît bara' 'Elohîm 'et hasshamajîm we'et ha'areṣ[브레쉬트 바라 엘로힘 엣 핫샤마임 워에트 하아레츠]."입니다. 이제 우리는 히브리어 동사 bara', '창조하다'에 대해 살펴보고자 합니다.

구약 성경에서 비교적 드물게(48회) 사용된 이 동사는, 특히 이른바 '제2 이사야서'(대이사야서, 곧 '제1 이사야서'에 덧붙여진 이사야서 40-55장)의 저자라 불리는 무명 예언자가 즐겨 사용했습니다. 그는 기원전 6세기, 이스라엘 백성이 바빌론 유배 이후 고국으로 돌아온 경험을 기념하기 위해 이 단어를 사용하면서 그때 겪은 일을 하느님의 창조 능력으로 돌립니다. "하늘을 창조하시고bara' 그것을 펼치신 분 땅과 거기에서 자라는 온갖 것들을 펴신 분 그곳에 사는 백성에게 목숨을, 그 위를 걸어 다니는 사람들에게 숨을 넣어 주신 분, 주 하느님께서 이렇게 말씀하신다."(이사 42,5).

창세기 1장에서 일곱 번 사용된 동사 bara'는 가공되지 않은 물질을 변형시키는 재단사 또는 조각가의 일에 대응됩니다. 물론 창조 행위는 그런 것과는 다른 것입니다. 이미 존재하는 어떤 것을 전제하지 않으며, 오직 무를 전제하기 때문입니다. 그런데 셈족 사고에서는 바로 그 '무nulla'와 같은 추상 개념을 표현하는 데 어려움을 겪습니다. 그렇기 때문에 거룩한 저자는 세 개의 표상을 사용하였습니다

"땅은 아직 꼴을 갖추지 못하고 비어 있었는데, 어둠이 심연을 덮고 … 있었다."(창세 1,2). "꼴을 갖추지 못하고 비어 있었는데"는 히브리어로 tohu wabohu[토후 와보후]인데, 이 관용구는 **'사막'**과 같은 황폐한 표면을 생각하게 하는 표현이며, 생명 없음과 침묵과 죽음, 바로 '무'를 가리키는 표현입니다. 또한 빛을 부정하는 **'어둠'**을 의미하기도 합니다. 첫 번째 창조 행위가 ""빛이 생겨라." 하시자 빛이 생겼다."(창세 1,3)인 것도 이런 이유 때문입니다. 끝으로 히브리어 tehom[테홈], **'심연'**이 있습니다. 심연은 땅 밑으로 활짝 열려 있습니다. 당시에는 땅을 아찔한 심연 위에 세워진 기둥들이 떠받치는 평평한 판처럼 여겼습니다.

'사막'과 '어둠'과 '심연'은 거룩한 저자가 하느님의 창조 행위 앞에 있는 무를 표현하기 위하여 사용한 상징적 삼인조였습니다. 성경의 다른 곳에서는 무를 묘사하기 위해 창조된 육지를 공격하려는 괴물로 보이는 바다의 표상을 사용합니다(욥 38,8-11 참조). 이후 헬레니즘 시기가 되고 '존재'와 '무'에 관한 그리스 철학 범주가 들어오자, 성경 역시 다음과 같은 언어를 받아들입니다. "하늘과 땅을 바라보고 그 안에 있는 모든 것을 살펴보아라. 그리고 하느님께서, 이미 있는 것에서 그것들을 만들지 않으셨음을 깨달아라. 사람들이 생겨난 것도 마찬가지다."(2마카 7,28).

마지막으로 두 가지 중요한 점을 덧붙이고자 합니다.

첫 번째는 창조 행위를 묘사하는 데 있어 성경이 보여 주는 독창성에 관한 것입니다. 이는 고대 근동 지역의 여러 창조 신화들과는 확연히 다릅니다. 그중 가장 유명한 메소포타미아의 창조 신화 「에누마 엘리쉬」(Enuma Elish, 높은 곳에서)에서는, 창조가 신들 간의 전투를 통해 이루어집니다. 창조신 마르둑Marduk은 심연의 신이며 무를 상징하는 티아맛Tiamat을 물리침으로써 세상을 형성합니다. 이와 달리 성경을 쓴 유다인 저자에게 있어 창조는 하느님의 효력 있는 명령의 말씀에 근거해서만 일어납니다. ""빛이 생겨라." 하시자 빛이 생겼다."(창세 1,3). 이는 다른 피조물들의 경우도 마찬가지입니다.

둘째, 앞서 언급한 제2 이사야서 외에도, 신앙인에게 동사 bara'는 영적이고 구원적인 가치를 지닌다는 점을 기억할 필요가 있습니다. 사실 시편 저자는 '자비를 구하는 기도Miserere'에서 자신의 죄를 고백하며, 주님의 용서를 통해 자기 내면을 새롭게 만들어 주시기를 청합니다. "하느님, 깨끗한 마음을 제게 만들어 주시고bara' 굳건한 영을 제 안에 새롭게 하소서."(시편 51,12).

BERÎT 브리트
계약, 과제, 조약

בְּרִית

t î r b$_{e}$

우리는 거의 대부분의 구약 성경*을 구성하는 언어의 뼈대를 이해하는 데 필수적인 히브리어 어휘들을 순서대로 살펴보고 있습니다. 지금 숙고할 낱말은 그중에서도 핵심적인 낱말입니다. 6세기의 그리스도교 저자인 막시모 콘페소레Massimo il Confessore는 다음과 같이 권면하였습니다. "그대가 '말씀들le parole'을 알지 못한다면, 어떻게 '말씀la Parola'을 알 수 있겠습니까?" 요한 복음서에서는 "말씀(il Verbo, la Parola divina, 하느님의 말씀)이 사람이 되셨다."(요한 1,14 참조)라고 말합니다. 말씀이 구체적 인간의 언어와 문화와 말이 되셨다는 것입니다. 그 기초적 단어가 berît입니다. 성경에서 287회

* 마흔여섯 권의 구약 성경 가운데 일곱 권은 그리스어로, 다니엘서의 몇몇 부분은 다른 셈족 언어인 아람어로 전해졌다.

사용되는 여성형 명사 berît는 흔히 '계약'으로 번역됩니다. 그러나 그 의미는 더욱 광범위하며 크게 두 가지로 이해할 수 있습니다.

하나는 두 주체 사이의 조약인 berît입니다. 우리의 입장에서 볼 때, 하느님과 백성 사이의 조약입니다. 주님께서 아브라함에게 말씀하십니다. "나는 나와 너 사이에 계약berît을 세운다."(창세 17,2 참조). 시나이산에서는 이 berît가 제물의 피로써 맺어집니다. 그 피는 하느님을 상징하는 제단에 부어지고, 또 백성에게도 뿌려집니다. 모세는 다음과 같이 선언합니다. "이는 주님께서 이 모든 말씀대로 너희와 맺으신 계약berît의 피다."(탈출 24,8).

하지만 다른 한편으로, 하느님과 인간 사이의 이 만남은 하느님께서 먼저 원하신 것이며, 그분은 자유로운 선택으로 자신의 피조물과 연대의 관계를 맺기로 결정하셨습니다. 그러므로 이것은 무엇보다도 하느님의 '약속'이자 '과업'(헌신)이며, 이러한 사랑의 유대로 인해 이를 '계약'(유언)이라고 부르게 된 것입니다. 그러나 성경은 이스라엘, 곧 선택과 계약의 대상이 된 백성이 하느님께 불충실함으로써 그 유대를 깨뜨렸다고 우리에게 말해 줍니다.

따라서 주님의 선택은 당신 백성을 당신 가까이 붙들기 위한 것입니다. 예언자 예레미야는 에제키엘과 더불어 '새 계약berît'을 말하며 이를 설명합니다. 이 새 계약은 율법의 공식적 돌판 즉, 준수해야 할 계약 의정서에 성문화되는 것이 아니라, 사람들의 마음속에 새겨질 것입니다. 예레미야서 31장 31-33절을 읽어 보십시오. 이 본문은 신약 성경 히브리인들에게 보낸 서간 8장 8-12절에서 그대로 인용됩니다. 예수님께서도 최후의 만찬 때 이 새 계약을 가리키시어, 포도주가 담긴 잔을 드시고 "이 잔은 너희를 위하여 흘리는 내 피로 맺는 **새 계약**이다."(루카 22,20)라고 말씀하십니다.

그러므로 주님과의 berît(계약)는 하느님의 은총이면서도 인간의 응답입니다. 이 주제에 대해서는 성경 주석 학자들과 신학자들이 수많은 책, 논문, 글을 통해 다룬 바 있듯이, 더 많은 이야기를 나눌 수 있을 것입니다.

끝으로 하나의 흥미로운 사실을 소개하고자 합니다. '계약을 맺다'는 히브리어로 karat berît[카라트 브리트]라고 하는데, 이 표현을 직역하면 '계약을 자르다'라는 의미입니다. 이를 이해하기 위해서는 창세기에 기록되어 있는 아브라함과 주님 사이에 맺은 계약 이야기(창세 15,7-21)를 읽어 봐야 합니다.

이는 밤에 펼쳐지는 감동적인 장면입니다. 이 성조는 짐승들을 잡아 "반으로 잘라, 잘린 반쪽들을 마주 보게 차려 놓았습니다."(창세 15,10). 본래라면 그 사이로 본인이 지나가며, 일종의 자신을 저주하는 의식을 행해야 했습니다. 곧, 그 의식을 이렇게 표현할 수 있습니다. "만약 내가 하느님과의 계약을 어긴다면, 이 동물들과 같은 운명이 나에게 일어날 것입니다." 하지만 실제로는 주님을 상징하는 불만이 반으로 잘라진 짐승들 한가운데를 지나갑니다. 따라서 계약은, 앞서 언급했듯이, 무엇보다 하느님의 헌신이라고 말할 수 있습니다. 그분만이 계약에 항상 충실하신 유일한 당사자이십니다.

BARAK 바라크
축복하다

בָּרַךְ

k ra ba

히브리어로 동사 ‘축복하다’는 barak[바라크], 명사 ‘축복’은 berakah[브라카]라고 쓰는데, 구약 성경에 398회 사용된 이 단어는 흥미롭게도 ‘무릎’을 가리킵니다. 이는 세대의 시작으로서 신성한 가치를 지니고 있는 샅을 가리키기 위한 섬세한 완곡어법 표현입니다. 과거에는 맹세를 할 때 손을 샅에 넣었습니다(창세 24,2.9; 47,29 참조). 사실 농경 또는 유목 문화에서 하느님의 축복은 특히 가족과 가축 떼의 다산과 농촌의 비옥함에서 드러났습니다. 이사악이 야곱에게 내려 준 축복이 의미심장합니다. “하느님께서는 너에게 하늘의 이슬을 내려 주시리라. 땅을 기름지게 하시며 곡식과 술을 풍성하게 해 주시리라.”(창세 27,28).

성경에 나오는 축복은 실질적으로 두 가지 유형으로 구분할 수 있습니다. 하나는 학자들이 '구성적 축복benedizione costitutiva' 유형이라고 정의한 것입니다. 하느님에게서 내려와 어떤 사람이나 백성이 소명과 사명을 받고 수행하도록 그들을 '세워 주시기' 때문입니다. 주님께서 메소포타미아의 우르에서 아브람을 부르시면서 그에게 하신 말씀에서 이를 볼 수 있습니다. "나는 너를 큰 민족이 되게 하고, 너에게 복을 내리며, 너의 이름을 떨치게 하겠다. 그리하여 너는 복이 될 것이다. 너에게 축복하는 이들에게는 내가 복을 내리고, 너를 저주하는 자에게는 내가 저주를 내리겠다. 세상의 모든 종족들이 너를 통하여 복을 받을 것이다."(창세 12,2-3). 이 성경 구절에서는 barak라는 용어가 다섯 번이나 울려 퍼집니다.

또한 야곱이나 모세가 생애의 마지막 순간에 이르렀을 때 장엄한 축복을 내리며 묘사한 이스라엘의 여러 지파들의 상황을, 성조 야곱–이스라엘의 중개를 통하여 또는 약속의 땅을 향하는 인도자 모세를 통하여 지금 그들에게 주어진 하느님의 축복의 결과로 이해합니다(창세 49; 신명 33 참조). 하느님의 이름으로 발설되었기에 '구성적' 축복은 효력이 있으며, 한번 발설되면 철회되거나 변경될 수 없습니다. 야곱이 자기 형 에사우를 속여 이사악에게 장자를 위한 축복을 받았지만, 이사악이 에사우에게 축복을 되돌릴 수 없음을 잘 알고 있던 점에서 이를 확인할 수 있습니다(창세 27,30-40 참조).

전례적인 '구성적' 축복의 놀라운 예는 백성을 축복하도록 사제들에게 주어진 것으로, 민수기에서 언급됩니다. "주님께서 그대에게 복을 내리시고 그대를 지켜 주시리라. 주님께서 그대에게 당신 얼굴을 비추시고 그대에게 은혜를 베푸시리라. 주님께서 그대에게 당신 얼굴을 들어 보이시고 그대에게 평화를 베푸시리라."(민수 6,24-26). 미소 중에 빛나는 하느님의 얼굴은 축복의 '도덕적' 차원도 계시합니다. 주님은 충실하고 의로운 이에게 당신의 축복을 선사하십니다. 바로 이런 이유 때문에 하느님의 축복을 받는다는 것은 어떤 점에서는 개인적이며 공동체적인 선택에 달려 있기도 합니다. 모세가 이스라엘에게 상기시키는 것에서 이를 볼 수 있습니다. "보아라, 내가 오늘 너희 앞에 축복과 저주를 내놓는다. 내가 오늘 너희에게 명령하는 주 너희 하느님의 계명들을 너희가 듣고 따르면 복이 내릴 것이다."(신명 11,26-27).

성경의 축복 유형 중 다른 하나는 '선언적 축복benedizione dichiarativa'입니다. 하느님께 대한 자신의 믿음과 찬양을 '선언하는' 신앙인에게서 출발하는 이 축복의 뚜렷한 예시가 시편에 나옵니다. "내 영혼아, 주님을 찬미하여라. 내 안의 모든 것들아, 그분의 거룩하신 이름을 찬미하여라. 내 영혼아, 주님을 찬미하여라. 그분께서 해 주신 일 하나도 잊지 마라. 주님을 찬미하여라, 주님의 천사들아 … 주님을 찬미하여라, 주님의 모든 군대들아 … 주님을 찬미하여라, 주님의 모든 조물들아, 그분 왕국의 모든 곳에서. 내 영혼아, 주님을 찬미하여라."(시편 103,1-2.20-22). 예수님도 이렇게 기도하시면서 고대의 기도자를 반향하십니다. "아버지, 하늘과 땅의 주님, … 아버지께 감사(축복)드립니다."(마태 11,25).

BASÀR 바사르: 살
NÈFESH 네페쉬: 생명체, 영혼

בָּשָׂר/נֶפֶשׁ

sh fe ne r sa ba

짝지어 보는 두 개의 히브리어 단어이지만, 흔한 선입견으로 이를 이해해서는 안 됩니다. 만약 우리가 '육체–영혼'이라는 짝을 머릿속에 떠올린다면, 한편으로는 즉시 물질성 또는 육체성을, 다른 한편으로는 영성 또는 내면의 대비를 생각하게 됩니다. 위에 제시된 두 히브리어 용어는 우리말로 번역한 것보다 더 독창적이고 미묘한 뉘앙스의 다른 가치를 가지고 있습니다. 그래서 성경은 영혼에 대해 많은 관심을 갖기보다는 정체성의 결속을 지닌 생명체에 더 관심을 두고 있음을 자주 확인할 수 있습니다.

그러므로 지금껏 그래 왔듯이 우리는 이 두 개의 성경 낱말을 규정하고자 합니다. 우선 basàr[바사르]는 270회 사용되며, 반드시 죽음을 맞이하는 우리 피조물의 연약성과 덧없음을 가리킵니다.

이사야 예언자의 표현이 강렬합니다. "모든 인간basàr은 풀이요 그 영화는 들의 꽃과 같다."(이사 40,6). 제한적이며 연약한 인간은 오직 하느님께 의지함으로써만 안정성을 찾을 수 있습니다. 단지 그렇게 함으로써만 "제 마음 기뻐하고 제 영혼(히브리어 단어는 심원한 내면성의 상징인 '간장')이 뛰놀며 제 육신basàr마저 편안히 쉬리이다."(시편 16,9).

이와 달리, 권력과 힘과 군사에 의지함으로써 구원될 것이라 착각하는 것은 모래 위에 기초를 세우는 것입니다. 그래서 이사야 예언자는 강대국 이집트와 계약을 맺으려는 유다의 임금에게 다음과 같이 경고합니다. "이집트인들은 인간일 뿐 하느님이 아니다. 그들의 군마는 고깃덩어리basàr일 뿐 영이 아니다."(이사 31,3). 그러므로 모든 이를 하나로 묶는 실재는 이와 같은 제한된 피조물의 차원입니다. 바로 이런 이유 때문에 남자가 여자 앞에서 이렇게 환호한 것입니다. "이야말로 내 뼈에서 나온 뼈요 내 살에서 나온 살이로구나!"(창세 2,23). 즉 나 자신과 똑같다고 외친 것입니다.

두 번째 용어 nèfesh[네페쉬]는 754회 사용되며 흔히 '영혼'으로 번역되지만, 영혼보다 훨씬 더 복잡한 개념을 품고 있습니다. 원초적 요소에서 출발하자면, 이 단어는 생명의 숨을 내쉬는 '목구멍'을 가리킬 수도 있습니다. 바로 이것이 갈증의 표상과 연결된, 시편 시인이 열정적으로 부르짖는 탄원의 일차적 의미입니다. "제

목구멍nèfesh이 하느님을, 제 생명의 하느님을 목말라합니다."(시편 42,3 참조). 그러나 이 구절에는 분명히 상징적 의미가 담겨 있어서 번역본에서처럼 "제 영혼이 하느님을 목말라합니다."라고 옮기는 것도 합당합니다.

Nèfesh는 생명체의 정체성을 구성하는 생명력의 근거이기도 합니다. "그때에 주 하느님께서 흙의 먼지로 사람을 빚으시고, 그 코에 생명의 숨을 불어넣으시니, 사람이 생명체nèfesh가 되었다."(창세 2,7). 점진적으로 이 낱말은 인격체의 '나', 곧 실존 자체와 동일시됩니다. 이사야서에 나오는 고난받는 주님의 종에게서도 이를 확인할 수 있습니다. "그가 자신(nèfesh, 자신의 목숨)을 속죄 제물로 내놓으면…."(이사 53,10). 때로는 하느님 자신에 대해서까지 "만군의 주님께서 당신 자신nèfesh을 두고 맹세하셨다."(예레 51,14)라고 말합니다.

요약하자면, nèfesh는 다층적이고 다양한 면모를 지닌 실재로서, 우리가 생명체라는 특성을 규정해 주는 개념입니다. 그것은 곧 우리의 생명력 깃든 육체성을 가리키며, "피는 생명nèfesh이고 생명nèfesh을 고기basàr와 함께 먹어서는 안 되기 때문이다."(신명 12,23)라고 단언하는 것입니다. 여호와의 증인들은 본래 생명을 보호하려는 뜻을 담고 있는 이 본문을 문자적으로 해석하여, 수혈을 금지하는 근거로 삼고 있습니다.

또한 nèfesh는 열망과 염원이기도 합니다. 하느님께 탄원하는 것은 나이며, 따라서 우리 영성이기도 합니다. "내 영혼nèfesh아, 주님을 찬미하여라. 내 안의 모든 것들아, 그분의 거룩하신 이름을 찬미하여라."(시편 103,1). 어느 학자는 이렇게 말합니다. "Nèfesh는 인간의 존재 자체이며 그의 소유물이 아니다."

DABAR 다바르
말, 행위, 사건

דָּבָר

r ba da

"말하는 것과 행하는 것 사이에는 바다가 있다."라는 격언이 있습니다. 그러나 이 격언이 성경에는 맞지 않습니다. 이번에 제시하는 어휘가 그 증거입니다. dabar([다바르] 또는 davar[다봐르])는 '그것, 사물, 사건, 계명, 계시'와 같은 수많은 파생 의미들 외에 말과 사실을 동시에 표현합니다. 바로 이런 이유 때문에 이 낱말의 사용 빈도가 매우 인상적인데, 구약 성경에서 명사 dabar는 1,440회, 동사형은 1,125회 사용됩니다.

엄밀히 말하자면, '말하다, 이야기하다'를 의미하는 더욱 구체적인 동사는 'amar이며, 이는 성경에서 가장 빈번하게 사용되는 동사입니다(5,282회). 그러나 이 때문에 고대 히브리 문명이 단지 목소리의 문화라고 믿어서는 안 됩니다. 앞서 dabar의 경우에서도 보았듯이, 히브리인에게 발음된 말은 결과를 창조하고 낳으며 생산하기 때문에 하나의 작품이나 구체적 행동과 마찬가지로 효력이 있으며, 따라서 철회되거나 취소될 수 없습니다. 그 예로, 노년의 이사악 이야기를 기억해 봅시다. 이사악은 아들 야곱을 축복하면서 사실상 권리를 가지고 있지 않은 그에게 장자의 유산을 주었는데, 이후 참된 수혜자인 에사우를 위해서는 자신이 발설한 말, 곧 이미 실행한 행위를 더 이상 수정할 수 없었습니다(창세 27장).

성경이 하느님의 창조 말씀으로 시작되는 것이 결코 우연이 아닙니다. "하느님께서 말씀하시기를'amar "빛이 생겨라." 하시자 빛이 생겼다."(창세 1,3). 창세기 원본의 한 문장이 호기심을 불러일으킵니다. "이런 일들dabar이 있은 뒤, 주님의 말씀dabar이 환시 중에 아브람에게 내렸다."(창세 15,1). 솔로몬 임금은 다음과 같이 장엄하게 선언합니다. "이제 주님께서는 말씀하신dabar 것dabar을 이렇게 이루셨소. 나는 주님께서 말씀하신 대로 나의 아버지 다윗의 뒤를 이어 이스라엘의 왕좌에 올랐소."(1열왕 8,20 참조). 하느님은 말씀하시고 실현하십니다. 그분의 입술은 그분의 손이기도 하며, 그분의 약속은 이미 완성되었습니다.

이에 관하여 이사야서의 하느님의 신탁이 놀랍습니다. "비와 눈은 하늘에서 내려와 그리로 돌아가지 않고 오히려 땅을 적시어 기름지게 하고 싹이 돋아나게 하여 씨 뿌리는 사람에게 씨앗을 주고

먹는 이에게 양식을 준다. 이처럼 내 입에서 나가는 나의 말dabar도 나에게 헛되이 돌아오지 않고 반드시 내가 뜻하는 바를 이루며 내가 내린 사명을 완수하고야 만다."(이사 55,10-11).

만약 하느님의 말씀이 비처럼 땅을 적시어 기름지게 하는 것이 사실이라면, 그 말씀이 특히 시나이 광야에서 널리 퍼지는 것은 자연스러운 일입니다. 잘 알려진 것처럼, 모세의 중개를 통해 하느님의 말씀이 산에서 내려와 계곡에 서 있는 지치고 피곤한 백성에게 전달되었습니다. 사실 주님께서 모세에게 다음과 같이 명령하셨습니다. "너는 이 말dabar을 기록하여라. 나는 이 말dabar을 조건으로 너와 이스라엘과 계약을 맺었다."(탈출 34,27). 실제로 잘 알려져 있듯이, 주님의 계명들은 '십계명', 곧 그리스어로 '열 가지 말씀'으로 명명되었습니다.

메시아적 미래에 관해 살펴보는 것으로 마무리하겠습니다. 요한 복음서에서 그리스도는 '말씀'(la Parola, il Verbo)으로 정의될 것입니다. 그분은 당신 안에 하느님의 모든 힘을 가지고 계시지만, 인간의 실재도 가지고 계시며, 말씀 중의 '말씀Parola'이십니다. "한처음에 말씀(그리스어로 Lógos)이 계셨다. 말씀은 하느님과 함께 계셨는데 말씀은 하느님이셨다. … 모든 것이 그분을 통하여 생겨났고 … 그분 안에 생명이 있었으니 그 생명은 사람들의 빛이었다. … 말씀이 사람이 되시어 우리 가운데 사셨다."(요한 1,1-14).

הַלְלוּ־יָהּ

h ja û l l_e ha

그리스도교 신자가 전례 중, 특히 파스카 전례에서 이 히브리어 환호를 노래하는 것은 매우 자연스러운 일입니다. 실제로 부활 성야 예식 때 부활 선포 자체에 맞추어 이 환호를 외칩니다. 또한 다양한 전례 거행 때, 특히 복음을 선포하기 전에 이 환호가 자주 사용되기도 합니다. 많은 사람들에게는 1741년 작품, 독일 음악가 헨델의 감동적인 오라토리오 「메시아」에서 울려 퍼지는 "할렐루야"를 듣는 것이 익숙할 것입니다.

그 히브리어 문구를 분석해 보면 의미는 단순합니다. 즉 명령형 hallelû[할렐루], '찬양하라'에 노래의 대상인 Jah[야]를 결합한 것입니다. Jah는 성경 하느님의 거룩한 이름인 Jah-weh[야-웨]의 축약어 형태입니다.

이 어휘의 어근으로 세 개의 자음 h-l-l을 식별할 수 있는데, 이 자음은 'hallel찬양하다'이라는 동사와 연결되어 구약 성경에서 146회 등장합니다. 또한 이로부터 파생된 명사 tehillah([터힐라], 찬양)는 성경에 57회 사용되며, 이 명사의 복수 형태가 시편집 전체의 제목인 tehillîm[터힐림], '찬양가'입니다. 이 밖에도 우리는 시편 113-118편이 '파스카 할렐Hallel pasquale'이라고 불린다는 점도 기억합니다. 유다인들이 파스카 예식에서 부르던 시편이기 때문입니다. 이 예식은 '대大할렐', 즉 시편 136편으로 마무리되었는데, 이 시편은 독창자와 합창단이 함께 부르는 장엄한 신앙 고백이었습니다.

예수님께서 최후의 만찬 때 이 '할렐' 가운데 하나, 또는 우리가 복음서 저자 마태오의 설명에 주의를 기울인다면 '대할렐'을 당신 제자들과 함께 노래하였다고 생각할 수 있습니다. "그들은 찬미가를 부르고 나서 올리브산으로 갔다."(마태 26,30). 그러므로 우리는 특히 시편집 내부에서 할렐루야의 이상적인 음악의 흐름을 따라갈 수 있습니다. 예를 들면 다음과 같습니다. "하느님 안에서 내가 그분의 말씀을 찬양하고hallel … 할렐루야! 찬양하여라hallelû, 주님의 종들아. 찬양하여라, 주님의 이름을. … 주님을 찬양하여라hallelû, 모든 민족들아 … 하루에도 일곱 번 당신을 찬양하니hallel 당신의 의로운 법규 때문입니다."(시편 56,5; 113,1; 117,1; 119,164).

그러나 우리는 시편집 전체를 마무리하는 시편 150편을 개인의 기도 독서에 맡기고자 합니다. 이 시편은 참으로 찬양 가득한 '할렐루야'의 합창으로, 베네데토 마르첼로Benedetto Marcello에서 세자르 프랑크César Franck, 안톤 브루크너Anton Bruckner와 이고르 스트라빈스키Igor Stravinskij(『시편 교향곡』), 벤저민 브리튼Benjamin Britten에 이르기까지 많은 종교 음악 작곡가들에게 사랑받은 작품이 되었습니다. 이 찬양 시가 예루살렘 성전의 전례를 위해 쓰였음을 보여주는 두 가지 요소가 있습니다.

무엇보다 먼저 주님이 머무시는 '웅대한 창공'과 '성소'를 연결해 명시적으로 언급합니다(1절). 둘째, 성전 교향악단 악기들의 명단, 곧 뿔 나팔, 수금, 비파, 손북, 현악기, 피리, 낭랑한 자바라, 우렁찬 자바라가 열거됩니다. 여기에 거룩한 춤이 덧붙여지고, 마지막으로 '숨 쉬는 것 모두'를 초대하는데, 이는 관악기들을 가리키는 것이거나, 시온 성전의 합창단의 목소리, 또는 각기 자기 방식으로 하느님을 찬양하는 생명체들의 세계 전체로 이해할 수도 있을 것입니다. 유다 민중 전통은 개구리도 자신의 울음소리로 창조주를 다윗보다 더 잘 찬양할 수 있다고까지 확신하였습니다.

그러나 저 시편 구절들은 hallelûhû[할렐루후], 곧 "그분을 찬양하여라."라는 반복적인 외침으로 가득 차 있으며, 이 어휘가 열 번 울려 퍼집니다. 여기에 시작과 끝에 세 번에 걸쳐 hallelû-jah[할렐루-야], "주님을 찬양하라."가 첨가됩니다. 이렇게 우리는 음악과 노래로 구성된 장대한 찬양 앞에 서 있습니다. 이상적으로 볼 때 이 찬양의 선율은 성경의 마지막 책인 요한 묵시록에까지 이를 수 있습니다. "나는 하늘에 있는 많은 무리가 내는 큰 목소리 같은 것을 들었습니다. "할렐루야!""(묵시 19,1).

זִכָּרוֹן

n ô r kka zi

"이날이야말로 너희의 기념일zikkarôn이니, 이날 주님을 위하여 축제를 지내라. 이를 영원한 규칙으로 삼아 대대로 축제일로 지내야 한다."(탈출 12,14). 유다인들의 파스카 의식에 대한 성경 설화는 이 말씀으로 봉인되었습니다. 이 문장의 중심 단어인 zikkarôn[찌카론], '기념'은 구약 성경에서 24회 인용되며 그 기저에는 성경에서 288회 사용되는 대단히 중요한 동사 zakar[짜카르], '기억하다'가 있습니다. 이탈리아어 '기억하다ri-cordare'가 '마음cor/cuore'을 상기시킨다는 점이 흥미롭습니다. 그래서 '기억하다'라는 말은 과거를 기억에 되살림으로써 '마음에 가져가다'라는 의미입니다.

그러나 성경의 '기념' 개념은 훨씬 더 강력하고 강렬하며 전례와 그 효과로 드러납니다. 그것은 과거에 완성된 하느님의 구원 행위를 가리키지만, 그 효과와 현존이 시간 속에서 지속되어 현재에도, 나아가 미래에도 미친다는 뜻입니다. 그 대표적인 예가 바로 파스카 축제로, 이스라엘이 이집트의 종살이에서 해방된 옛 사건을 기억하지만, 해마다 되풀이하여 거행함으로써 하느님께서 지금도 당신 백성에게 자유의 선물을 계속 보장하신다는 것을 드러냅니다.

그와 같은 의미가 그리스도의 파스카에도 부여됩니다. 이 경우 그 의식은 성찬례로, 예수님의 죽음과 부활을 현존하게 하고 효력 있게 합니다. 바로 이 때문에 최후의 만찬 자리에서 예수님께서는 이렇게 말씀하셨습니다. "이는 너희를 위하여 내어 주는 내 몸이다. 너희는 나를 기억하여 이를 행하여라. … 이 잔은 내 피로 맺는 새 계약이다. 너희는 이 잔을 마실 때마다 나를 기억하여 이를 행하여라."(루카 22,19; 1코린 11,25).

그러므로 '기념'은 단순한 애국적 추모 행사 또는 과거의 먼지 속에 묻힌 사건이나 사람들에 대한 향수 어린 시민적 또는 가족적 의식과는 전혀 다릅니다. 성경에서 말하는 '기억함'은 현재이며, 영원이 시간 속으로 스며드는 행위입니다. 영원한 것은 결코 퇴색하거나 소멸되지 않습니다. 그렇기 때문에 성경의 기도는 이렇게 '기억하는' 행위입니다. "그 먼 옛날을 회상하고 … 저는 주님의 업적을 생각합니다. 예전의 당신 기적을 생각합니다."(시편 77,6.12).

이는 주님의 업적이 지금도 여전히 살아 움직이며, 구원과 은총을 새롭게 베풀고 계시다는 확신에서 비롯된 것입니다.

이처럼 '기억함'은 인간이 주님과의 계약 관계 안에서 자신을 주님께 일치시키며 그 유대를 생생하게 유지하려는 호소입니다. 이렇게 볼 때, 신명기에서 하느님의 계명을 '기억하라'는 명령이 거듭 강조되는 이유를 이해할 수 있습니다. 그것은 그 계명이 일상생활과 도덕적 선택 속에서 실제적인 힘을 발휘하도록 하기 위함입니다. 또한 이 '기억'이 구원하시는 하느님의 행위와 구원받은 인간의 충실함을 서로 이어 준다는 점이 매우 의미심장합니다. "너는 이집트 땅에서 종살이를 하였고, 주 너의 하느님이 강한 손과 뻗은 팔로 너를 그곳에서 이끌어 내었음을 기억하여라. 그 때문에 주 너의 하느님이 너에게 안식일을 지키라고 명령하는 것이다." (신명 5,15).

실제로 동사 '기억하다'는 신앙의 언어이며, '잊어버리다'는 배교의 언어입니다. "정녕 너는 네 구원이신 하느님을 잊어버리고 네 피신처이신 반석을 기억하지 않았다."(이사 17,10). 이처럼 망각의 시대라 불릴 만한 오늘날, '기억하라'는 성경의 호소는 우리를 결코 버리지 않으시고 당신의 업적을 '기억'하게 하시어, 그것들이 우리 역사와 전례 안에서 살아 있고 활동하며 현존하도록 하시는 하느님을 향한 믿음의 초대입니다.

ḤATA’ 하타
죄짓다, 틀리다, 방황하다

חָטָא

ʾ ta ḥa

구약 성경에서 우리는 죄와 잘못, 속죄, 회개의 주제와 연결된 히브리어 단어들을 찾아볼 수 있습니다. 그 가운데 가장 중요한 단어로 동사 ḥata’[하타]가 있습니다. 구약 성경에 593회 울려 퍼지는 이 동사는 수많은 파생 어휘를 만들어 내며, 이 주제가 얼마나 중요한지를 이해하게 해 줍니다. 이 동사의 자의적 의미는 옳은 길을 ‘잃고’ 파멸로 이끄는 좁은 길에서 ‘방황하다’라는 뜻입니다. 마치 표적에서 빗나가 과녁을 맞히지 못하고 땅에 떨어지는 화살처럼 ‘실패하다’, ‘빗나가다’라는 의미도 담고 있습니다.

죄에 대한 가장 선명한 묘사는 바로 성경의 시작 부분, 곧 창세기 2-3장에 제시되어 있습니다. 인간은 하느님에 의해 하느님과의 조화로운 관계 안에서, 곧 숨과 양심이라는 생명의 대화 안에서 창조되었습니다. 또한 인간은 '일구고 돌볼' 땅과 자신이 이름을 지어 준 동물들과 더불어 살아갑니다. 끝으로 인간은 자신과 비슷한 존재, 즉 여자와 함께 창조되었습니다. 성경은 여자를 그 앞에 마주 선 돕는 이, 곧 "자기에게 알맞은 협력자"(창세 2,20)라고 표현하는데, 이는 문자 그대로 그의 곁에 서 있는 존재, 동등한 관계의 동반자('갈빗대'의 상징적 가치, 24쪽 참조)라는 뜻입니다.

창세기 2장에 묘사된 이러한 계획은 하느님께서 주신 선택의 자유와 함께 인간 피조물에 의해 파괴되었습니다. 사실 도덕의 상징인, 선과 악을 알게 하는 나무 앞에 서 있는 인간은 하느님께서 규정하신 윤리에서 벗어나 옳은 것과 그른 것을 스스로 선택하면서 열매를 땄습니다. 그리하여 창세기 3장은 하느님, 자연, 이웃과의 관계의 단절과 더불어 이전의 조화가 황폐하게 된 것을 묘사합니다. 그것이 바로 우리가 흔하게 저지르는 모든 잘못의 정의, 뿌리, 종합이라 할 수 있는 '원죄'입니다.

인간 역사에서 죄는 더욱 사악한 형태로 널리 퍼집니다. 성경은 우상 숭배에서 벗어나는 지침을 줍니다. 모세는 가나안인의 토착 종교의 특징인 신성한 황소, 송아지 숭배를 지적하면서 다음과 같이 선언했습니다. "나는 너희가 만든 죄악ḥata', 곧 송아지를 가져다가 불에 태우고 그것을 부순 다음, 먼지 같은 가루가 될 때까지 잘게 갈아, 산에서 내려오는 시내에 내버렸다."(신명 9,21). 시나이 광야에서 모세는 이스라엘인들의 지도자로서 우상 숭배의 죄악이 있은 후 주님께 다음과 같이 말씀드립니다. "이 백성이 목이 뻣뻣하기는 하지만, 저희 죄악과 저희 잘못ḥata'을 용서하시고, 저희를 당신 소유로 삼아 주시기를 바랍니다."(탈출 34,9).

이처럼 중요한 주제이기에, 모두 5,750개의 어휘로만 기록된 성경 히브리어의 제한된 어휘 안에서도 죄를 가리키는 다양한 표현들이 존재합니다. 성경에서 가장 잘 알려진 참회 기도인 '자비를 구하는 기도Miserere'에서 그 좋은 예시를 볼 수 있습니다. 이 기도는 다음과 같이 시작합니다. "하느님, 당신 자애에 따라 저를 불쌍히 여기소서. 당신의 크신 자비에 따라 저의 죄악pesha'을 지워 주소서. 저의 죄'awôn에서 저를 말끔히 씻으시고 저의 잘못ḥata'에서 저를 깨끗이 하소서."(시편 51,3-4). 이 기도에서 죄의 다양한 측면을 드러내는 히브리어 단어들을 확인할 수 있습니다.

프랑스 신학자 보샹P. Beauchamp이 돌판에 기록된 하느님의 십계명과 우리 심장, 다시 말해 우리 양심의 살아 있는 살에 새겨진 죄를 나란히 놓고 언급하는 것이 많은 점을 시사합니다. "죄는 하느님의 법이 돌판 위에 새기는 것의 반대 내용을 자신의 철필로 심장에 새긴다." 보샹은 예언자 예레미야의 강력한 표상을 다시 언급했던 것입니다. "유다의 죄악ḥata'이 철필로 기록되었다. 금강석 촉으로 그들의 마음 판에, 그들의 제단 뿔에 새겨졌다."(예레 17,1).

חָיָה

h ja ḥa

"어찌하여 살아 계신 분을 죽은 이들 가운데에서 찾고 있느냐?"(루카 24,5). 눈부시게 차려입은 남자 둘이 주간 첫날 새벽 일찍이 그리스도의 무덤으로 달려간 여자들에게 이렇게 물었습니다. '살아 계신 분'은 하느님의 특별한 칭호입니다. 예언자 엘리야가 아합 임금 앞에서 한 맹세에서도 이를 볼 수 있습니다. "내가 섬기는, 살아 계신 주 이스라엘의 하느님을 두고 맹세합니다."(1열왕 17,1). 구약 성경에 777회 울려 퍼지는 히브리어 동사 **ḥajah**[하야], '살다'는 236회 나오는 형용사 **ḥaj**[하이], '살아 있는'과 밀접한 연관이 있습니다. 하느님뿐만 아니라 인간에게도 적용되는 이 형용사에서 유래한 '하와'라는 이름을 창세기 3장 20절에서는 "살아 있는 모든 것의 어머니"로 설명합니다.

생명은 두 얼굴로 존재하는 근본 실재입니다. 신체적 생명은 그리스어로 bíos[비오스]라 불립니다. 더 높은 의미의 생명은 그리스어로 zoê[조에]라 합니다. 성경은 두 가지 차원을 모두 높이 평가하며 수없이 많은 형태로 표현하는데, 위에서 지적한 두 가지로 정리할 수 있습니다.

첫 번째 차원의 의미는 동물들에게도 적용되는 심장이 박동하는 신체적 생명의 차원입니다. 그렇기에 하느님은 노아에게 "살아 숨 쉬는 모든 살덩어리들이 둘씩"(창세 7,15) 방주로 들어가게 하라고 말씀하십니다. 그리하여 살아 있는 이 피조물들도 홍수에서 살아남게 하십니다. 물론 살아 있는 이 생명체들 가운데 첫째는 당연히 인간입니다. "그때에 주 하느님께서 흙의 먼지로 사람을 빚으시고, 그 코에 생명의 숨을 불어넣으시니, 사람이 생명체가 되었다."(창세 2,7). 신체적 생명에 대한 존중은 근본적인 생명의 표지로 여겨졌기 때문에 손을 대서도 흘려서도 안 되는 피를 통해 수여되었습니다(창세 9,4-6 참조).

동사 ḥajah와 형용사 ḥaj의 두 번째 의미는 우리를 참으로 생물학적 특질을 넘어 초월적 차원으로 이끌어 갑니다. 사실 에덴동산에는 '생명나무'(창세 2,9)가 자라고 있는데, 그것은 불멸성의 상징으로 주변 문명에도 잘 알려져 있습니다. 유명한 길가메시 서사시에서는 메소포타미아의 영웅이 "늙은이를 젊게 하며" 신처럼 영원히 살게 하는 나무를 찾아 길을 떠납니다.

생명의 종교적, 도덕적 차원은 여러 차례에 걸쳐서, 특히 시나이에서 주님과 이스라엘 사이에 계약을 체결하는 기회에 언급됩니다. 그것이 바로 모세가 선택된 백성에게 공동 과제로 요구하는 것입니다. "너희와 너희 후손이 살려면 생명을 선택해야 한다. 또한 주 너희 하느님을 사랑하고 그분의 말씀을 들으며 그분께 매달려야 한다. 주님은 너희의 생명이시다."(신명 30,19-20). 그러므로 그것은 도덕적, 영적 충실성에서 생겨나는 생명이며, 이스라엘 현인들의 거듭되는 가르침에 따르면 지혜와 정의로 부양됩니다.

구약 성경 가운데 그리스어로 쓰인 책들 중 하나인 솔로몬의 지혜서에 나오는 장엄한 선언을 소개합니다. 비록 히브리어를 사용하지는 않았지만, 기저를 흐르는 주제는 항상 동일하며 매우 선명하게 쓰였기 때문입니다.

"하느님께서는 죽음을 만들지 않으셨고 산 이들의 멸망을 기뻐하지 않으신다. 하느님께서는 만물을 존재하라고 창조하셨으니 세상의 피조물이 다 이롭고 그 안에 파멸의 독이 없으며 저승의 지배가 지상에는 미치지 못한다. 정의는 죽지 않는다."(지혜 1,13-15).

ḤOKMAH 호크마
지혜

חָכְמָה

h ma k ḥo

2020년 박물관이던 이스탄불의 성 소피아 대성당을 회교 사원으로 바꾸는 과정에서 엄청난 격론과 논쟁이 벌어졌습니다. 본래 그리스어로 '소피아'인 '지혜Sapienza'는 신적 속성이며, 로레토의 '성모 호칭 기도'에서 '상지의 옥좌sedes sapientiae'로 불리는 예수님의 어머니 마리아도 이 신적 속성에 참여합니다. 그러나 우리는 히브리어 용어 ḥokmah[호크마]로 인류에게도 부여된 이 덕목의 성경적 못자리로 거슬러 올라가고자 합니다. 그 어원상 '현인'과 '앎'의 의미를 포괄하는 ḥokmah는 구약 성경에 318회 울려 퍼집니다.

무엇보다 라틴어 동사 sàpere가 히브리어 어휘에도 유효하다는 사실을 발견합니다. sàpere는 지성적 앎을 묘사하기 전에는 '맛을 갖다'를 의미하는데, 이는 전면적이며 활력 있는 지식의 표현입니다. 구약 성경 책들의 전통적 분류에는 율법서와 역사서와 예언서들과 함께 일곱 권의 '지혜서'(욥기, 시편, 잠언, 코헬렛, 아가, 지혜서, 집회서)가 존재합니다. 그런데 '지혜'는 철학적, 경험적 성찰의 형태를 지니며 그 자체의 문학 유형과 표현과 문체를 가지고 있습니다.

한편 고대 근동 전체에서 활짝 꽃피었던 지혜는 위대한 조언을 담고 있는 많은 본문들을 생산했습니다. 이스라엘에서는 솔로몬에 의해 전파되었으며, 솔로몬은 이스라엘 지혜의 원형이자 표상으로 여겨졌습니다(1열왕 5,9-14 참조). 이후 아가나 지혜서처럼 후대의 지혜 문학 작품들마저 그의 작품으로 여겨졌습니다.

지혜 문학에서 성찰의 중심에는 유다인뿐 아니라, 히브리어로 ha'adam[하아담], 곧 인간 그 자체가 있습니다. 이 지혜적 성찰은 인간이 지닌 세 가지 근본적인 관계, 곧 하느님과 이웃과 피조물과의 관계 안에서 인간을 바라봅니다.* 이러한 맥락에서 인간 실존의 최종 가치를 묻는 높은 차원의 지혜가 드러납니다. "태양 아래에서 애쓰는 모든 노고가 사람에게 무슨 보람이 있으랴?"(코헬 1,3).

이 지혜 사상 안에서는 인간 존재의 모순, 악의 스캔들, 그리고 하느님의 침묵과 같은 문제들도 드러납니다. 이 점을 잘 보여 주는 인물이 바로 욥입니다. 그는 자신과 논쟁을 벌인 지혜로운 친구들과 대조를 이룹니다. 그 친구들은 민중 안에도 뿌리를 내린, 보다

* 이와 연관하여 창세기 2-3장이 중요하다.

낙관적인 다른 지혜를 대표합니다. 그들의 생각에 따르면, 역사는 일정한 법칙 즉, 악은 벌을 받고 정의는 보상을 받는다는 이항식 인과응보 법칙에 따라 움직입니다. 이런 관점은 세상의 현실을 하느님과 그분의 정의라는 이름 아래 조화롭게 설명하려는 시도로 나타납니다.

그러나 지혜는 '신학적teo-logica' 범주이기도 하며, 특히 창조주로서의 하느님을 설명하는 데 도움이 됩니다. 잠언 8장에서 의인화된 신적 지혜가 발설하는 찬가가 중요합니다(잠언 8,22-31 참조). 지혜는 하느님 자신에게서 나와서 세상 창조 때 그분의 작업에 함께 한 '건축가'로 자신을 소개합니다. 이런 이유 때문에 모든 피조물은 자체 안에 지혜의 흔적을 지니고 있으며 그와의 조화를 드러냅니다. 그러나 그중에서도 지혜로운 인간은 신적 지혜가 빚어 낸 창조 활동의 가장 높은 표현입니다.

물론 인간은 자유로운 존재이기에, 이 지혜의 선물을 잃어버릴 수도 있습니다. 그래서 등장하는 인물이 '어리석은 이'인데, 그는 지혜의 정반대를 응축한 존재로서, 성경은 그의 말과 행동을 여러 곳에서 엄격히 비판합니다. 그러므로 의인화된 지혜는 무지한 모든 이를 향하여 다음과 같이 호소합니다. "어리석음을 버리고 살아라. 예지의 길을 걸어라."(잠언 9,6).

חֶסֶד

d se ḥe

예루살렘 성전에서 한 사제가 창조주시며 구원자이신 하느님을 찬양하는 찬가를 부릅니다. 이 찬가는 주님께서 당신 백성을 위해 행하신 사랑의 행위들을 열거하는 일종의 연송입니다. 각 구절이 끝날 때마다 회중은 "주님의 자애ḥèsed는 영원하시다."라는 후렴으로 응답합니다. 이는 이른바 '대할렐'(찬양)이라 불리는 시편 136편으로, 유다인들의 파스카 축제 예식 때 불렸으며, 예수님께서도 분명히 이 노래를 부르셨을 것입니다. 우리가 알아야 할 단어는 바로 ḥèsed[헤세드]입니다. 이 단어는 신학적, 영성적 측면에서 구약성경에서 가장 중요한 어휘 중 하나로, 총 245회, 그중에서도 시편에서만 127회 사용됩니다.

ḥèsed는 이미 다뤘던 'èmet([에메트], 25쪽)와 가까운 개념이지만,

단 한 단어로 옮기기는 어렵습니다. 충실, 선, 사랑, 자비, 자애, 부드러움, 충성 등 사랑하는 두 사람 사이에 오가는 복합적인 감정의 줄거리와 연결되기 때문입니다. ḥèsed가 주님과 그분 백성 사이의 계약(berît, 46쪽)의 결속을 정의하는 기본 어휘인 것도 결코 우연이 아닙니다. 오늘날에도 동일한 언어 기반을 가지고 있는 아랍어 ḥasada[하사다]는 서로 돕는 사람들의 일치를 묘사합니다.

그러므로 ḥèsed는 도덕적 유대를 가리키며, 이 유대는 법적 의미를 지닐 수도 있지만, 그 본질은 어디까지나 정서적 · 관계적 차원에 있습니다. 유명한 유다교 학자 네헤르A. Neher는 이렇게 말합니다. "ḥèsed는 두 사람 사이에 자연스럽게 우러나오는 비명령적 공감이다. 그것은 의무를 넘어서는 은총과 사랑이며, 명령이 아니라 마음에서 비롯된 감정이다." 그래서 이 단어에서 파생된 형용사 ḥasîd[하시드]는 자신의 영혼과 행위, 존재 전체를 하느님께 봉헌하는 신실한 사람을 가리킵니다. 복수형 ḥasidîm[하시딤]은 18세기 폴란드와 우크라이나에서 시작된 유다교 신비 · 경건 운동의 구성원들을 뜻합니다. 이들은 깊은 영성과 뜨거운 신앙 열정으로 유명했지만, 비극적인 나치의 학살 속에서 거의 사라졌습니다. 그러나 그들의 전통은 오늘날까지도 이어지며, 오스트리아 철학자 부버(M. Buber, 1878-1965년)의 책『하시딤 이야기』로 널리 알려졌습니다.

그러므로 ḥèsed의 망토 아래에는 성경 영성의 역사가 담겨 있습니다. 이 역사는 시나이에서 하느님과 맺은 계약으로 시작되어, 예언자들에 의해 혼인 서약의 상징을 통해 발전했습니다. 그 시작은 기원전 8세기의 호세아 예언자로 거슬러 올라갑니다. 그는 자신의 불행한 혼인 경험을 바탕으로 그 관계의 부정적 측면, 즉 불성실함을 묘사했습니다. 그의 아내가 다른 연인들을 따라가기 위하여 남편을 버렸던 것처럼, 이스라엘은 우상, 특히 약속의 땅의 토착민들인 가나안인들의 신을 선택함으로써 주님에게서 등을 돌렸습니다. 가나안인들은 풍요의 상징인 황소를 표상으로 ba'al(주인)을 섬겼습니다(참조: 탈출 32,1-6; 39쪽 ba'al 항목).

이런 이유 때문에 성경에서는 자기 '신랑'이신 주님에 대한 이스라엘의 불충실을 정의하기 위하여 간음, 매춘, 배신과 같은 용어들을 사용합니다. 이스라엘의 불충실은 결국 백성을 주님과 일치시키며 주님이 계속해서 관계를 보존하시는 충실성의 결속인 ḥèsed를 깨뜨립니다. 그럼에도 참된 신앙인은 "하느님, 당신의 자애ḥèsed가 얼마나 존귀합니까!"라고 기도합니다. 이렇게 기도할 수 있는 것은 자신이 언제나 '혼인'의 유대로 일치되어 있는 주님의 사랑의 눈길과 애정 가득한 보호 아래 있음을 알고 있기 때문입니다. "주님, 당신의 자애ḥèsed는 하늘에 있으며 … 신들과 사람들이 당신 날개 그늘에 피신합니다."(시편 36,6.8).

ḤEREM 헤렘
파문/봉헌

חֵרֶם

m re ḥe

수십 년 동안 성경을 가르치고, 강연하고, 저술 활동을 해 오면서 제가 끊임없이 받는 질문은 주로 성경의 폭력적 장면들과 관련된 것입니다. 그리하여 결국 2019년『거룩한 폭력La santa violenza』(ed. Il Mulino)이라는 제목의 특별한 책을 쓰게 되었습니다. 여기서도 구약 성경에 29회 나오는 히브리어 명사 ḥerem[헤렘]을 통해 이 주제에 대해 간략하게 언급하고자 합니다. 이를 위해서는 구약 성경에 51회 사용된 동사 ḥaram[하람]도 함께 다루어야 합니다.

통계에 따르면, 성경에는 적어도 600단락에서 전쟁을 묘사하고, 또 다른 1,000여 단락에서는 하느님의 진노가 죽음과 파괴를 만들어 내며, 100단락 이상에서는 하느님께서 직접 살인을 명령하시는 장면이 나옵니다. 예를 들어, 여호수아기 10장을 읽어 보면, 바로 ḥerem과 관련된 일련의 '신성한 잔혹 행위들'을 발견할 수 있습니다. ḥerem이라는 말은 그 자체로는 하느님의 자산이므로 인간이 손댈 수 없는 실재나 신성한 공간을 가리킵니다. 따라서 그것들은 완전히 파괴함으로써 하느님께 봉헌, 곧 번제의 형태로 하느님께 '성별되어야' 했습니다. 하느님이 원하신 전쟁일 경우, 전리품으로 얻은 물건과 사람들은 모두 이러한 완전한 파괴의 제물이 되는 것입니다.

이처럼 폭력과 피로 물든 성경의 장면들을 마주할 때, 우리는 결코 그것을 문자 그대로 혹은 근본주의적으로 읽어서는 안 됩니다. 오히려 역사적, 문학적, 신학적 관점에서 올바르게 해석해야 합니다. 성경은 무조건 받아들이고 실천해야 하는 추상적 본문들의 순결한 모음집이 아닙니다. 오히려 구원의 역사라는 구체적 현실을 보여 주는 책입니다. 하느님은 죄와 비참으로 가득한 인간의 역사 안으로 직접 들어오시어, 인내심을 가지고 점진적으로 인류를 더 높고 완전한 진리와 사랑의 지평으로 인도하십니다.

계시는 하늘에 떠 있는 어떤 환상의 말씀이 아니라, 오히려 이 땅의 둔탁하고 어두운 현실의 흙 속을 뚫고 나오는 씨앗과 같습니다. 그러므로 우리는 성경의 개별 구절에만 머물러서는 안 됩니다. 그런 구절들은 인간 '마음의 완고함' 또는 '목덜미가 뻣뻣함'에 맞선 하느님의 교육적 인내를 드러내는 표현일 수 있습니다. 게다가 우리는 복음의 가르침과 명백히 충돌함에도 불구하고, 그리스도교 역사 속에서도 폭력이 존재했다는 사실을 무시해서는 안 됩니다.

그러나 바오로 사도가 정의하듯이, '뺨을 치는 자에게 다른 뺨마저 내주도록' 초대하시는 "우리의 평화" 그리스도께서는 우리를 인도하시려는 목적지(그리스도)를 드러내려 하지 않으시지만, 이미 구약 성경에는 천대에 이르기까지 용서하시는 하느님이 나타납니다(탈출 34,7 참조). 그분은 죄인의 회개 가능성에 희망을 거시고, 심지어 자신의 정의가 악에 폭발하지 않도록 마음을 돌이키시기까지(탈출 32,14 참조) 하십니다.

이와 연관하여 상징적인 두 본문만 인용하고자 합니다. 첫째는 에제키엘서의 말씀입니다. "내가 정말 기뻐하는 것이 악인의 죽음이겠느냐? 주 하느님의 말이다. 악인이 자기가 걸어온 길을 버리고 돌아서서 사는 것이 아니겠느냐? … 나는 누구의 죽음도 기뻐하지 않는다."(에제 18,23.32). 둘째는 지혜서의 말씀입니다. "당신께서는 힘의 주인이시므로 너그럽게 심판하시고 저희를 아주 관대하게 통솔하십니다. … 당신께서는 이렇게 하시어 의인은 인자해야 함을 당신 백성에게 가르치시고 지은 죄에 대하여 회개할 기회를 주신다는 희망을 당신의 자녀들에게 안겨 주셨습니다."(지혜 12,18-19).

종합하면, 성경에 기록된 폭력은 하느님의 말씀이 '육화incarnazione'한 표지로 볼 수 있습니다. 하느님 말씀은 황금빛 하늘에서 완벽한 신학 공식으로 내려온 것이 아니라, 인류의 실제 역사 한가운데에 들어와 죄악을 이기고 창조된 세계를 하느님의 원초적 계획 속 조화로 다시 이끌기 위해 드러나는 것입니다. 그 계획 안에는 폭력과 증오를 저지를 수도 있는 인간의 자유도 포함되었지만, 그 자유는 은총의 힘으로 유지되어, 마침내 사랑을 생명의 최고의 법이 되도록 이끌어 줍니다.

TÔB 톱
좋은, 아름다운, 유익한

טוֹב

b ô t

이탈리아어 '아름다운bello'* 이 중세의 형용사 bonicello의 단순 축약형이라는 것을 아는 사람은 많지 않습니다. 아름다움bellezza과 선bontà은 서로 연관되어 있습니다. 히브리어 어휘의 경우에도 똑같은 일이 벌어집니다. 구약 성경에는 형용사 tôb[톱] 또는 tôv[토브]가 741번 등장하는데, 문맥에 따라 그 의미가 '좋다'도 되고 '아름답다'로 쓰이기도 합니다. 선과 아름다움, 도덕과 미학은 동일한 실재의 두 가지 모습입니다.

실제로 매우 폭넓고 다양한 뉘앙스의 의미를 지니고 있는 tôb은 성경의 고대 그리스어 번역본 '칠십인역'에서 적어도 세 개의 다른 형용사로 옮긴 것이 드러납니다. agathós([아가토스], 좋은)와

* '전쟁bellum'과는 무관한 단어다.

kalós([칼로스], 아름다운) 외에 실천적 측면도 도입하여 chrestós([크레스토스], 유익한)가 덧붙여졌습니다. 물론 히브리어의 다양한 어휘를 훑어보면, 그 밖에도 수없이 많은 다른 의미가 있습니다. 예컨대 '만족스러운', '맛있는', '감미로운', '달콤한', '어울리는'뿐 아니라, '옳은', '정직한', '착한', '온화한', '용맹한' 등을 의미합니다.

상징적 단락들 가운데 하나는 창조 이야기의 첫 장(창세 1,1-2,4)입니다. 여기에서는 하느님께서 당신 작품에 '승인'이라고 말씀하시는 문구를 일곱 번 만납니다. "하느님께서 보시니 좋았다tôb."라고 말씀하시고, 인간을 창조하실 때에는 최상급으로 "하느님께서 보시니 참 좋았다tôb me'od."라고 하십니다(창세 1,4.10.12.18.21.25.31 참조). 사실 하느님의 '보다'가 가리키는 것을 고려할 때, 다음과 같은 번역도 옳을 것입니다. "하느님께서 보시니 아름다웠다." 또는 "하느님께서 보셨다. 아름다웠다!"

그러므로 매혹적인 경치를 음미하는 사람에게 일어나는 것처럼, 이 문구는 기능적이거나 도덕적 평가뿐 아니라, 심미적 평가도 포함하고 있습니다. 비록 성경에서는 이러한 태도가 드물다고 하더라도, 자연의 선과 아름다움, 유익함을 연합하려고 고심하는 성경 단락들이 없지는 않습니다. 집회서의 놀라운 찬가에서도 이를 찾아낼 수 있습니다(집회 42,15-43,33 참조). 성경의 현인은 태양, 달, 별, 강, 우박, 바람, 천둥, 눈, 서리, 얼음, 뜨거운 여름, 바다를

죽 훑어보고, 마침내 "모든 작품이 다른 것보다 더 뛰어나게 아름답다."라고 결론을 내립니다.

그러나 tôb의 일차적 의미가 '좋다'임을 잊어서는 안 됩니다. 인류의 기원에서 나타나듯, tôb의 일차적 의미는 악에 반대되는 선입니다. 남자와 여자가 "선tôb과 악을 알게 하는" 상징적 나무 밑에 서 있습니다(창세 2-3장 참조). 유혹자 뱀은 그 나무 열매를 먹는 날 "너희 눈이 열려 하느님처럼 되어서 선tôb과 악을 알게 될 줄을 하느님께서 아시고 그렇게 말씀하신 것이다."라고 말할 것입니다.

그러기에 예언자 이사야의 단죄가 강하게 울려 퍼집니다. "불행하여라, 좋은 것tôb을 나쁘다 하고 나쁜 것을 좋다tôb 하는 자들!"(이사 5,20). 그와 같은 가치 전도가 오늘날에도 도덕을 황폐하게 하고 있습니다. 결론적으로 말해, 성경은 아름다움을 돌보는 것을 양심의 깨끗함과 접하게 하고, "피조물의 웅대함과 아름다움으로 미루어 보아 그 창조자를 알 수 있다."(지혜 13,5)라며 자연의 웅대함을 그 창조주의 목소리와 합하게 하며, 하느님께 바치는 아름다운 찬미가(시편 47,8)를 선한 일과 접하게 합니다. 왜냐하면 "어진tôb 눈길을 지닌 이는 복을 받으리니 제 양식을 가난한 이에게 나누어 주기"(잠언 22,9) 때문입니다.

יָדַע

ʿ da ja

“사람이 자기 아내 하와를 알자(jada‘[야다], 잠자리를 같이하니), 그 여자가 임신하여 카인을 낳고 … 잠에서 깨어난 요셉은 주님의 천사가 명령한 대로 아내를 맞아들였다. 그러나 아내가 아들을 낳을 때까지 알지ghinóskein[기노스케인] 않았다(잠자리를 같이하지 않았다). 그리고 아들의 이름을 예수라고 하였다.” 서로 멀리 떨어져 있는 두 단락을 하나로 묶은 이 문장에서 한 단락의 주인공은 아담과 하와이고(창세 4,1), 다른 단락의 주인공은 요셉과 마리아입니다(마태 1,24-25). 그러나 두 본문 모두의 중심에는 히브리어와 그리스어 동사 ‘알다’가 들어 있으며, 이 동사는 우리로서는 예상치 못한 의미를 지니고 있습니다. 거의 모든 주해서가 이 주제를 다룹니다.

현대 문화에서 ‘알다’는 무엇보다 먼저 한 사람의 정신과 사고가 개입되는 지성적 성격의 행위입니다. 그러나 우리는 이성적 지식 외에도 다양한 지식의 창구가 있음을 알고 있습니다. 감각적이거나 경험적인 것도 있고, 단순한 형식적 논리를 초월하는 예술적 여정이나 사랑에 빠지는 경우도 마찬가지입니다. 고대 근동의 문명에서 앎 또는 지식conoscenza은 생각하고 사랑하고 행동하는 데 있어서 인간의 심오한 통합을 추구하면서, 존재와 실존에 대한 일체의 이해 통로가 서로 얽혀 모두 다 관여하는 총체적 경험입니다.

그러므로 동사 jada'는 지식과 경험 전체를 포괄합니다. 구약성경에 1,119회 사용된 이 동사는 당연히 이성적 관점을 의미하지만, 실재 안으로 뚫고 들어가려는 의지는 물론, 정서적이면서도 효과적으로 작동하는 차원도 함께 지닙니다. 이러한 의미에서, 성적 행위는 열정과 사랑에 의해 이루어질 때, 두 사람 사이의 깊은 앎과 관계의 충만함을 드러내고, 두 사람은 "한 몸"(창세 2,24)이 됩니다.

이런 관점에서 볼 때, 이 히브리어 동사의 종교적 적용은 자연스러운 것이 됩니다. 모세는 이스라엘 백성을 향하여 다음과 같이 권면하며 호소합니다. "너희는 마치 사람이 자기 아들을 단련시키듯, 주 너희 하느님께서 너희를 단련시키신다는 것을 마음 깊이 알아 두어야jada' 한다." 주님께서 아브라함에 대해 말씀하시듯이, 하느님의 앎은 진실한 소명과 선택 그 자체입니다. "내가 그를 선택한(jada', 안) 것은, 그가 자기 자식들과 뒤에 올 자기 집안에 명령을 내려 그들이 정의와 공정을 실천하여 주님의 길을 지키게 하려고 한 것이다."(창세 18,19 참조).

이 맥락에서 동사 jada'는 특수한 관점을 획득합니다. 즉 이 단어는 단순히 하느님을 예배하고 기도하는 신앙이 아니라 자신의 삶 전체를 철저하게 내맡기는 신앙을 정의하는 것입니다. 기원전 8세기의 예언자 호세아는 예수님께서도 소중히 여기신 유명한 하느님의 신탁에서 '사랑'과 '앎'을 나란히 둡니다. "정녕 내가 바라는 것은 희생 제물이 아니라 신의다. 번제물이 아니라 하느님을 아는 예지jada'다."(호세 6,6). 그렇다면, 시편 기자가 참된 신앙인을 이렇게 정의한 것의 의미를 이해할 수 있습니다. "당신 이름을 아는 jada' 이들이 당신을 신뢰하니 주님, 당신을 찾는 이들을 아니 버리시기 때문입니다."(시편 9,11). 성경에서 이름은 인격 자체이며, 따라서 믿는 것은 아는 것, 다시 말해 주님을 사랑하는 것입니다.

JHWH 야웨
발음할 수 없는 하느님의 이름

יהוה

h w h j

기본적인 성경 단어들의 목록에서 이제 지고한 이름, 곧 하느님의 이름이 등장합니다. 셈족 세계에서 이름은 한 사람의 실재 자체이지만, 신의 경우에는 그 실재를 모두 다루는 것이 불가능하기에 일정한 유보가 남아 있음을 기억해야 합니다. 이는 둘째 계명에 잘 표현되어 있습니다. "주 너의 하느님의 이름을 부당하게 불러서는 안 된다. 주님은 자기 이름을 부당하게 부르는 자를 벌하지 않은 채 내버려두지 않는다."(탈출 20,7). 이스라엘은 두 가지 길을 통하여 이러한 역설을 예방하였습니다.

우선, 고대 근동에서 더욱 일반적이며 공통적이기도 한 다양한 이름들을 수용하였습니다. 그것이 'Elohîm[엘로힘], '하느님'입니다. 이 어휘는 2,600회 사용되지만, 그 뜻은 불확실합니다('강하신 분' 또는 '첫째인 분'). 또는 이와 유사한 어휘는 'El[엘], '하느님'이며 238회에 걸쳐 홀로 또는 다른 용어들과 합성어로 사용됩니다(예를 들어 'El-'eljôn[엘-엘욘], 지극히 높으신 하느님). 48회 사용되는 Shaddaj[샷다이], '유력자'도 있는데, 아마 초월성과 우월성의 표지인 신성한 산에 대한 상징과 연결되어 있는 듯합니다. 끝으로, 439회 사용되는 'Adonaj[아도나이], '주님'은 그중 222회가 에제키엘 예언서에서 사용됩니다.

다른 한편으로 이스라엘은 성경 하느님의 참된 정체성을 총괄할 수 있는 신의 특별한 이름을 가지고 있었습니다. 그것은 네 개의 히브리 자음으로 된 JHWH라는 이름으로, 유다교 전통에서는 이 이름을 발음하지 않습니다. 오로지 대사제만 1년에 한 번 '대속죄일Yom Kippûr'에 예루살렘 성전의 사람의 눈과 귀에 감추어진 가장 깊은 곳, 곧 지성소 안에서 그 이름을 선포할 수 있었습니다. 그러나 이 이름은 구약 성경 전체에서 단연 가장 많이 등장하는 단어입니다(6,828회). 그럼에도 유다인들은 거룩한 본문에서 이 이름을 만나면, 'Adonaj라고 읽습니다.

우리가 사용하는 Jahweh[야웨]라는 읽기는 단지 가설적인 것이며, Jehowah[여호와]라는 형태는 잘못된 것입니다. 위에서 언급한 바와 같이, 랍비들이 대체한 것을 기억하기 위하여 발음할 수 없는 네 개의 자음 JHWH에 'Adonaj의 모음을 잘못 결합해 읽은 것이기 때문입니다. 그렇다면 발음하지 않고 침묵해야 하는 그 이름은 어떤 의미를 지니고 있을까요? 그 의미를 발견하기 위해서는 이집트에서 도망친 모세가 시나이산에서 파라오의 억압으로부터 이스라엘 백성을 해방하라는 사명을 받는 탈출기의 유명한 이야기로 거슬러 올라가야 합니다(탈출 3장 참조).

불타는 떨기나무 속에서 신비스러운 목소리가 들려옵니다. "나는 있는 나다. … 너는 이스라엘 자손들에게 "'있는 나'께서 나를 너희에게 보내셨다." 하여라."(탈출 3,14). 이 구절의 히브리어 본문은 이렇습니다. "'ehjeh 'asher 'ehjeh[에흐예 아셰르 에흐예]." 이 구절은 성경에 3,540회 나오는 히브리어 동사 hajah[하야], '있다'에 기반을 두고 있습니다. 수수께끼 같은 이 문장에 대해서는 많은 해석이 나와 있습니다. 하느님은 지고한 존재자Esistente(서양 철학의 '존재Essere' 이상의 존재자)이시고, 살아 계신 분Vivente, 불멸하시는 분Immortale, 지고하시고 완전하시며 영원하신 나Io supremo이십니다.

물론 성경의 하느님은 인격체로 제시됩니다. 수메르인들의 신 엔릴은 모호한 숙명 또는 '단서를 잡을 수 없는 헝클어진 줄'로 평가되지만, 하느님께서는 그런 분이 아니십니다. 그러기에 그분은 즉시 덧붙이십니다. "'있는 나'께서 나를 너희에게 보내셨다. … 너희 조상들의 하느님, 곧 아브라함의 하느님, 이사악의 하느님, 야곱의 하느님이신 야웨께서 너희를 해방하기 위하여 나를 너희에게 보내셨다."(탈출 3,14-15 참조). 그분은 무감각하고 알 수 없는 제왕과 유사한 신비스러운 존재Essere가 아니십니다. 그분은 활동하시고 구원하시는 '나'이시며, 그렇기 때문에 요한 복음서에서 그리스도께서는 당신의 심원한 구원적 정체성을 계시하기 위하여 발음할 수 없는 이 이름 '있는 나'(또는 '나다')를 자주 사용하실 것입니다 (참조: 요한 8,24.28.58; 13,19; 18,5-8).

JÔM 욤
하루, 날, 낮

יוֹם

m ô j

히브리어 jôm[욤], '날'은 시간의 흐름을 나타내는 단어입니다. 이 단어는 앞에서 이미 살펴본 Jahweh, ben아들과 나중에 분석하게 될 '임금'과 '땅'에 이어 구약 성경에서 다섯 번째로 많이 사용된 어휘입니다(2,304회). 자연히 우리는 창조의 첫 순간으로 거슬러 올라갑니다. "빛을 낮jôm이라 부르시고 어둠을 밤이라 부르셨다. 저녁이 되고 아침이 되니 첫날이 지났다."(창세 1,5).

그러므로 성경에서 jôm은 단순히 해가 떠 있는 낮 시간만을 의미하는 것이 아니라 밤과 연결된 하나의 주기입니다. 오늘날까지도 유다인들에게는 안식일 거행과 휴식을 위하여 각 지역마다 정확한 시간 기준이 정해져 있습니다. 사실 온전한 안식일은 하루 전날인 금요일 저녁 첫 번째 별이 나타나면서 시작하여 다음 날 해가

질 때까지입니다. 예레미야 예언자는 많은 지면을 할애하여 이 특수한 날을 준수하도록 권면합니다(예레 17,19-27 참조). "내가 너희 조상들에게 명령한 대로 안식일jôm을 거룩하게 지켜라."(예레 17,22).

여러 본문들이 연대기적 계산에 따른 낮의 길이를 구체적으로 언급하지만, 항상 밤과의 연결이 지적됩니다. 예컨대 홍수 이야기에서는 "그리하여 사십 일 동안 밤낮jôm으로 땅에 비가 내렸다."(창세 7,12)라고 합니다. 그러나 특히 중요한 것은 태양에 의해 밝혀진 낮의 상징적 가치인 생명과 맑음과 올바른 행위입니다. 반대로 '밤'은 어둠의 시간으로, 욥기는 이를 생생하게 묘사합니다. "살인자는 새벽같이 일어나 가련한 이와 가난한 이를 살해하고 밤에는 도둑처럼 된다네. 땅거미가 지기를 노리는 간음자의 눈, '어떤 눈도 나를 못 보리라.' 생각하며 얼굴에 가리개를 쓰네. 도둑은 어둠 속에서 남의 집에 침입하고 낮에는 안에서 문을 걸어 잠그니 빛을 알지 못한다네."(욥 24,14-16).

바로 이런 관점에서 인간 역사의 개념에 엄청난 충격을 줄 상징적인 날이 예언서들에 형성되었습니다. 그것은 jôm-Jahweh[욤 야웨], '주님의 날'이며 어떤 경우에는 단순하게 '그날'로 정의되기도 합니다. 이 표현을 처음 만들어 낸 인물은 기원전 8세기의 아모스 예언자입니다. 그는 특히 주님의 날을 생생하게 묘사했습니다. 광야의 외딴 길에서 사자에 쫓겨 도망가는 사람이 있습니다. 그가 감추어진 좁은 길로 들어서려는 순간 거기에서 위협적인 곰을 만납니다. 그렇지만 구원의 길이 있습니다. 조금 더 달아났을 때 움막을 발견했기 때문입니다. 숨 쉴 틈도 없이 그는 움막으로 가서 문지방을 넘어 문을 닫아 잠갔습니다. 그러나 그가 숨을 허덕거리며 손으로 벽을 짚은 순간 독사 한 마리가 재빠르게 그의 손을 물었습니다.

이 영화 같은 장면이 불과 열다섯 개 가량의 히브리어 단어로 완벽하게 표현되었습니다. "사자를 피해 도망치다가 곰을 만나고 집 안으로 피해 들어가 손으로 벽을 짚었다가 뱀에게 물리는 것과 같으리라."(아모 5,19). 그 적용은 명백합니다. "주님의 날은 어둠일 뿐 빛이 아니지 않으냐? 불빛이라고는 전혀 없이 캄캄할 뿐이다."(아모 5,20). 이 특별한 jôm은 희생자들과 의인들이 그토록 간절히 기다려 온 시간입니다. 악인들을 물리치고 충실한 이들을 구원하는 것은 판관이신 하느님의 냉혹한 개입입니다. 그들은 마침내 환호할 것입니다. "과연 의인에게는 결실이 있구나. 과연 세상에는 심판하시는 하느님께서 계시는구나."(시편 58,12).

יָשַׁע

ʿ sha ja

그리스도인들에게 절대적으로 가장 소중한 이름은 ‘예수’입니다. 스페인어를 사용하는 나라들 외에는 많은 나라에서 존중의 뜻으로 사람에게 이 이름을 사용하지 않습니다. 이탈리아의 경우 축약형인 제수이노Gesuino 또는 합성어인 제수알도Gesualdo가 사용되는 정도입니다. 이 이름의 바탕에는 히브리어 동사 jasha‘*[야샤]가 있음은 잘 알려져 있습니다. Jasha‘는 천사가 그의 법적 아버지 요셉에게 설명하듯이 ‘구원하다’라는 의미입니다. “마리아가 아들을 낳으리니 그 이름을 예수라고 하여라. 그분께서 당신 백성을 죄에서 구원하실 것이다.”(마태 1,21).

시편에서 136회에 걸쳐 구원하시는 하느님께 기원하는 데 사용

* 뒤집힌 부호는 쉽지 않은 발음이자 히브리어 알파벳의 유기 자음인 ‘ain아인을 가리킨다.

되며, 구약 성경에 모두 354회 울려 퍼지는 이 동사의 주어는 거의 절대적으로 주님이십니다. 구원에는 도움과 지지, 해방의 의미도 있습니다. 성경에서 그토록 의미 깊은 이 히브리어 단어의 가치를 입증하는 몇몇 본문들을 살펴볼 수 있습니다. 성경은 하느님의 계시 전체를 항상 '구원의 역사'로 정의하기도 합니다.

다윗은 "주님께서는 살아 계시다! 나의 반석께서는 찬미받으시리니 내 구원의 하느님께서는 드높으시다."(시편 18,47)라고 환호합니다. 의인은 하느님의 약속의 수혜자이기도 합니다. "찬양 제물을 바치는 이가 나를 공경하는 사람이니 올바른 길을 걷는 이에게 하느님의 구원을 보여 주리라."(시편 50,23). 그렇기 때문에 구원자이신 하느님을 신뢰하는 신앙인은 이사야 예언자가 노래하듯이, 세상과 역사의 길을 평온하게 걸어갈 수 있습니다. "나는 주님 안에서 크게 기뻐하고 내 영혼은 나의 하느님 안에서 즐거워하리니 신랑이 관을 쓰듯 신부가 패물로 단장하듯 그분께서 나에게 구원의 옷을 입히시고 의로움의 겉옷을 둘러 주셨기 때문이다."(이사 61,10).

그러나 성경에 등장하는 가장 위대한 구원 행위는 파라오의 억압으로부터 해방, 곧 이집트 탈출입니다. 그것은 단순히 사회 · 정치적 사건이 아니라, 충만한 구원의 표지입니다. 지혜서 11-19장에서 바로 이것을 증언합니다. 여기에서는 이집트 탈출 사건이 악으로부터의 궁극적 해방이라는 차원으로 옮겨져 해석됩니다. 다시 말해 역사적 차원과 영성적 전망이 서로 교차하는 것입니다. 그래서 예수님께서 아픈 사람을 치유하실 때 신앙의 중요성을 강조하십니다. 치유는 단순히 건강을 되찾는 것일 뿐 아니라, 내적 구원에 들어서는 것이기 때문입니다. "네 믿음이 너를 구원하였다." (루카 8,48; 17,19).

시작 부분에서 동사 jasha'를 예수님의 이름과 연결해 설명했습니다. 예수는 히브리어로 Jeshua'[예슈아] 또는 더욱 확대된 형태로 말한다면 Jehoshua'[여호슈아]입니다. 이 마지막 형태는 여호수아기의 '여호수아'이기도 하며, 현대 이스라엘의 위대한 작가 아브라함 B. 여호수아Abraham B. Yehoshua의 성이기도 합니다. 그는 1936년 예루살렘에서 태어나 2022년 텔아비브에서 임종할 때까지 하이파에서 살았습니다. 여호수아 외에 성경의 다른 인물들의 이름에는 동사 jasha'가 다양한 형태로 들어 있습니다. 유다의 요시아 임금의 경우가 이에 해당하며, 예언자 이사야와 호세아('하느님이 구원하신다')도 이와 같은 경우입니다.

충만한 구원은 하느님의 선물이고 은총이며, 믿음을 요구한다는 것은 시편 시인의 다음과 같은 주장으로 입증됩니다. "병력이 많다고 임금이 승리하지jasha' 못하며 근력이 세다고 용사가 제 몸을 살리지 못하네. 기마로 승리한다 함은 환상이며 그 힘이 세다고 구원jasha'을 이루지 못하네."(시편 33,16-17). 시인은 권력과 힘의 논리를 반대하여 하느님을 향한 신뢰의 깃발을 게양합니다. "우리의 영혼은 주님을 기다리니 그분은 우리의 도움, 우리의 방패이시다."(시편 33,20).

כָּבוֹד

d ô b ka

"사람의 아들이 영광스럽게 될 때가 왔다. … 아버지, 때가 왔습니다. 아들이 아버지를 영광스럽게 하도록 아버지의 아들을 영광스럽게 해 주십시오."(요한 12,23; 17,1). 넷째 복음서는 그리스도의 부활을 하느님의 영광으로 들어가는 문, 곧 돌아감으로 제시합니다.

바오로 사도가 "그분께서는 하느님의 모습을 지니셨지만 하느님과 같음을 당연한 것으로 여기지 않으시고 오히려 당신 자신을 비우시어 종의 모습을 취하시고 사람들과 같이 되셨습니다. … 당신 자신을 낮추시어 죽음에 이르기까지, 십자가 죽음에 이르기까지 순종하셨습니다."(필리 2,6-8)라고 한 것처럼, 파스카에 그리스도께서는 자신의 신적 본성에 고유한 영광을 다시 취하셨으며, 승천은 그리스도의 영광스러움을 가시적으로 드러낸 사건입니다.

여기에서 중요한 히브리어 단어 kabôd[카보드], '영광'이 언급됩니다. kabôd는 그 어원에서 근본적으로 '무겁다', '중요하다', '현저하다'를 뜻하며, 따라서 존경과 찬사를 받을 만한 존재를 가리킵니다. 이 용어는 구약 성경에 200회 등장하며(해당 동사는 114회), 위대함과 품격을 규정하기 위하여 사람에게 적용될 수도 있고, 태양처럼 우리 눈으로는 넘볼 수 없는 찬란한 신비를 경축하기 위하여 하느님께 적용될 수도 있습니다.

마지막 관점과 연관해 참으로 중요한 장면은, 모세가 당신 백성을 인도하도록 자신을 부르신 분의 얼굴을 옆에서 뵐 수 있기를 갈망하는 장면입니다. "모세가 아뢰었다. "당신의 영광을 보여 주십시오." 그러자 주님께서 대답하셨다. … "그러나 내 얼굴을 보지는 못한다. 나를 본 사람은 아무도 살 수 없다.""(탈출 33,18-20). 이 대화는 kabôd의 주요한 가치를 이해하도록 많은 것을 밝혀 줍니다. kabôd는 하느님의 얼굴, 즉 주님의 인격 자체와 동일시됩니다. 따라서 kabôd는 그분의 말씀으로 드러날 수 있지만, 영원하고 무한하며 초월적이고 무궁무진한 본성을 가지고 있기 때문에 인간의 시선이나 사유로는 결코 다 헤아릴 수 없는 심원한 정체성 안에 감추어져 있는 하느님의 신비를 가리킵니다.

그러나 영광은 하느님을 접근할 수 없는 세계에 격리하지 않습니다. 시나이에서도 영광은 구름과 강한 불에 가려지기는 했지만 계시되었습니다. "주님의 영광kabôd이 구름 속에 나타났다. … 주님의 영광이 나타나는 모습은 이스라엘 자손들이 보기에 산봉우리에서 타오르는 불과 같았다."(탈출 16,10; 24,17). 하느님의 영광은 성전에도 자리 잡아 거기에서부터 우주 전체로 퍼져 나갑니다. 다음과 같이 외치는 사람들이 등장하는 이사야 예언자의 소명 이야기에서 이를 직감할 수 있습니다. "거룩하시다, 거룩하시다, 거룩하시다, 만군의 주님! 온 땅에 그분의 영광kabôd이 가득하다."(이사 6,3). 또한 신앙인들은 시편 시인의 초대를 받아들여야 합니다. "하느님의 아들들아, 주님께 드려라. 영광과 권능을 주님께 드려라. … 그분 궁전에서 모두 외치네. "영광이여!""(시편 29,1.9; 96,7-8 참조).

그러나 인간의 존엄성과 연결된 영광도 있습니다. 놀라운 찬미가인 시편 8편에서 그 영광을 절찬합니다. "신들보다 조금만 못하게 만드시고 영광kabôd과 존귀의 관을 씌워 주셨습니다."(시편 8,6). 메시아 시대에 주님은 "보라, 내가 예루살렘에 평화를 강물처럼 끌어들이리라. 민족들의 영화kabôd를 넘쳐흐르는 시내처럼 끌어들이리라."(이사 66,12)라고 말씀하십니다. 거룩한 성읍에서는 인류 전체가 자신의 영적, 사회적 부를 가지기 때문에, 다 함께 평화를 동반하는 하느님의 영광을 입습니다. 성탄 밤에 천사들이 노래하듯이 그렇게 말입니다. "지극히 높은 곳에서는 하느님께 영광, 땅에서는 그분 마음에 드는 사람들에게 평화!"(루카 2,14).

KOHEN 코헨
사제

כֹּהֵן

n he ko

kohen[코헨], '사제'를 뜻하는 이 히브리어 단어를 이미 들어 본 사람도 있을 것입니다. 유다교 전통을 지닌 여러 가문에서 사용되는 성 Cohen에서도 이 단어를 찾아볼 수 있는데, 이는 실제 사제 가문의 계보와 관련이 있음을 추정케도 합니다.

사실 구약의 사제직은 레위 지파 출신과 연결되어 있는, 거의 '유전적'인 것이었습니다. 이와 달리 그리스도교 사제직은 '은사적' 성격, 곧 예언적 방식의 하느님의 부르심에 따른 것입니다. 그렇기 때문에 예수님은 레위 가문이라는 의미에서는 사제가 아니십니다. 예수님은 유다 지파에 속하시며 히브리인들에게 보낸 서간은 이를 명확히 관찰하고 있습니다. "우리의 주님께서 유다 지파에서 나오신 것은 명확합니다. 그런데 모세는 사제들에 관하여 말할 때에 이 지파를 언급한 적이 없습니다. … 만일 그분께서 세상에 계시면 사제가 되지 못하십니다."(히브 7,14; 8,4).

모든 종교에는 정도의 차이는 있지만, 성스러운 일을 '전문적으로 수행하는 이들'이 존재합니다. 그들은 종종 의식적 축성을 통해 신적 신비와 통교에 들어가, '세속적인 것', 즉 성전 문턱 밖에 있는 세계와의 사이에 통교의 다리를 놓는 자격을 부여받은 사람들입니다. 이러한 개념은 사제를 종교 의식적으로 격리시킬 위험을 가지고 있어서, 그를 공동체의 나머지 사람들과 분리된 하나의 실재요 불가침 영역의 표현으로 만들기도 합니다. 이는 특히 레위기의 복잡한 전례 규정에서도 가끔 표면화되는 것입니다. 그러나 이 성스러운 장막은 지상적 차원으로 축소할 수 없고, 조작할 수도 없으며, 사람의 작품일 수도 없는 하느님의 초월성을 칭송하는 장점도 가지고 있습니다.

그러나 성경에는 사제직에 관한 또 다른 자각도 있습니다. 시나이산 위에서 주님의 목소리가 산 아래의 이스라엘 백성 전체에게 내려와 다음과 같이 선언합니다. "너희는 나에게 사제들의 나라가 되고 거룩한 민족이 될 것이다."(탈출 19,6). 신약 성경은 이 정의를 다시 받아들여 '교회'(1베드 2,9)와 '선택된 이들'(묵시 5,10)에게 적용합니다. 이 구절의 본래 의미에 대해서는 다양한 해석이 존재합니다. 그러나 대체로 다음과 같은 확신이 있습니다. 곧, 레위 지파가 다른 이스라엘 지파들 사이에서 사제적 역할을 맡았듯이, 하느님의 온 백성 또한 특별한 축성을 받아, 세상의 모든 민족을 위한 구원과 증언의 봉사자로 부름받았다는 것입니다.

결국 히브리어 kohen은 하느님을 향한 사람들의 중개자이고, 반대로 nabî'[나비], '예언자'는 사람들을 향한 하느님의 중개자입니다. 이런 이유로 사제들은 자주 정치 권력과 결탁했고, 예수님 시대 사두가이인들처럼 그들 자신이 지도층 인사들이었습니다. 그들은 자신들이 다윗 임금 시대의 대사제 차독의 계보를 이상적으로 잇는다고 여겼습니다(1열왕 1,26 참조). 이와 달리 예언자들은 진리와 정의, 그리고 하느님 말씀의 이름으로 훨씬 더 자유롭고 비판적인 태도를 지녔습니다.

이와 별개로 살렘(예루살렘)의 임금 멜키체덱, "지극히 높으신 하느님의 사제"에 대해 마지막으로 언급할 필요가 있습니다. 알려진 것처럼, 그는 아브라함을 축복하고 아브라함에게 계약의 표지로 빵과 포도주를 제공했습니다(창세 14,17-20 참조). 그런데 그의 모습은 레위의 사제직과는 다른 사제직, 곧 왕의 사제직의 원형으로 보입니다. 사실 시편 110편 4절에서 다윗 왕실의 임금에게 주님이 선언하십니다. "너는 멜키체덱과 같이 영원한 사제다." 그리고 히브리인들에게 보낸 서간 7장은 예수님에게 레위 후손들의 사제직과 다른 멜키체덱의 사제직을 적용할 것입니다.

כִּפֻּרִים

m î r ppu ki

일반 대중에게 히브리어 단어 kippurîm([키푸림], 성경에는 복수 형태로 사용)은 상반된 두 가지 이유로 잘 알려져 있습니다. 사실 많은 사람들이 '욤 키푸르 전쟁'이라고 알려진 아랍 연합국과 이스라엘의 제4차 중동 전쟁이 발발한 1973년 10월 6일을 기억합니다. 그날은 유다교 달력에서 새해로부터 열흘 뒤에 지켜지는 참회의 가장 엄숙한 축일이었기 때문입니다. 나세르의 후임으로 새 수장이 된 안와르 알 사다트가 이끄는 이집트가 유다인들의 이 중요한 축제일에 분쟁을 폭발시켰고, 1967년의 '6일 전쟁' 때 빼앗긴 시나이 반도 지역을 되찾았습니다.

이 단어가 유명한 또 다른 이유는 그 축제일이 그리스도인들에게도 매우 잘 알려진 유다인들의 관습 가운데 하나, 곧 엄격하게 단식을 실천해야 하는 키푸르Kippur의 날이기 때문입니다. 이 어휘와 유사한 동사는 구약 성경에 101회 나오며 고대 근동의 다른 언어들에서 '뿌리를 뽑다, 삭제하다, 정화하다'라는 의미, 따라서 인간 편에서는 악을 기워 갚고, 하느님 편에서는 용서하심으로써 '악을 치워 버린다'라는 의미로 잘 알려져 있습니다.

정화는 여러 가지 목적을 위해 성경에 여러 차례 기술되어 있는 의식을 통해 이루어졌습니다. 예를 들어, 희생 제물을 봉헌하는 제단의 축복은 다음과 같은 의식을 포함했습니다. "너는 속죄하기 kippurîm 위하여 날마다 속죄 제물로 황소 한 마리를 바쳐라. 또 제단에 대한 속죄로서 그것을 위하여 속죄 제물을 바치고(동사 kipper), 그것에 기름을 부어 성별하여라."(탈출 29,36). 분향을 위한 제단에서도 이 용어와 동사를 되풀이하며 비슷하게 하였습니다. "아론은 그 제단의 뿔에 해마다 한 번씩 속죄 예식을 거행해야 한다. 너희는 대대로 해마다 한 번씩, 속죄하려고 바치는 속죄 제물의 피로 그 제단을 위한 속죄 예식을 거행해야 한다."(탈출 30,10).

그러나 가장 높은 속죄 행위는 앞서 언급한 대속죄일 예식에서 이루어졌습니다. 그날의 모든 예식은 성경의 세 번째 책인 레위기 16장에 폭넓게 묘사되어 있지만, 여기에는 두 가지 예식이 하나로 결합되어 있기에 매우 복잡해 보입니다. 첫째는 전통적 속죄의 희생 예식입니다. 이와 달리 둘째 예식은 '아자젤의 숫염소'(하느님의 힘) 예식입니다. 고대의 민간 신앙에 따르면 아자젤은 광야의 악귀 이름입니다.

이 숫염소에 관한 예식은 또 다른 속죄 예식이며, 레위기에서 다음과 같이 설명합니다. "아론은 살려 둔 그 숫염소 머리에 두 손을 얹고, 이스라엘 자손들의 모든 죄, 곧 그들의 허물과 잘못을 고백하여 그것들을 그 염소 머리에 씌우고서는, 기다리고 있는 사람의 손에 맡겨 광야로 내보낸다. 그러면 그 염소는 그들의 모든 죄를 불모지로 날라 간다. 이렇게 그 숫염소를 광야로 내보낸다."(레위 16,21-22).

그 상징은 명백합니다. 곧 악령에게 보내지는 숫염소는 공동체 전체의 죄를 자신 안에 가둡니다. 광야는 죽음과 아무것도 없는 무의 표지이며, 백성의 죄악은 광야의 빈 공간에서 절멸되기 때문에 성전과 성읍의 신성한 영역에서 죄를 몰아낼 수 있게 됩니다. 이런 이유로 '방사된 숫염소'라는 표현도 있습니다. 이 예식은 회화적이고 토속적 요소들이 있기는 하지만, 죄의 심각성과 하느님과 화해하는 용서 가능성의 의미가 깊이 담겨 있습니다.

LEB 렙
마음, 심장

לֵב

b le

그리스도의 자기 정의는 유명합니다. "나는 마음이 온유하고 겸손하다."(마태 11,29 참조). 여기서 '마음'을 뜻하는 히브리어 leb([렙] 또는 [레브])은 구약 성경에 853회 나옵니다. 프랑스 철학자 파스칼B. Pascal은 마음에 대한 유명한 문장을 남겼습니다. "마음에는 이성이 알지 못하는 그 나름의 이유들이 있다."(『팡세』, 277). 실제 성경에서 마음은 지성intelligenza까지 아우릅니다. "슬기로운 마음은 지식을 찾는다."(잠언 15,14 참조). 그래서 사람들은 '자기 마음대로 생각하다'라는 표현을 사용하며, '마음을 훔치다'라는 표현은 '속이다 또는 정신 못 차리게 하다'라는 의미인 것입니다.

또한 마음cuore은 강한 충격이 가해지면 멈출 수도 있고, 심하면 사망에까지 이를 수 있는 신체 기관인 심장을 뜻하기도 합니다. 아내 아비가일에게 배신을 당해 "심장이 멎으면서 돌처럼 굳어"(1사무 25,37) 버렸던 나발을 보면 이를 확인할 수 있습니다. 그러나 마음은 특히 심리적, 도덕적, 영성적 삶의 중심입니다. 아가의 연인은 자기 여자를 향하여 다음과 같이 고백합니다. "나의 누이 나의 신부여, 그대는 내 마음을 사로잡았소. 한 번의 눈짓으로, 그대 목걸이 한 줄로 내 마음을 사로잡았소."(아가 4,9). 그러므로 마음은 공포를 포함한 '정서적'이고 열정적인 차원을 대표합니다. 이사야 예언자가 아합과 그의 백성의 전쟁에 대한 악몽을 다음과 같은 표상으로 묘사하는 데에서 이 사실이 잘 드러납니다. "숲의 나무들이 바람 앞에 떨듯 임금의 마음과 그 백성의 마음이 떨렸다."(이사 7,2).

이러한 심리학적 윤곽은 다양하게 언급됩니다. 예를 들어 잠언은 "너는 마음속으로 그런 여자(네 이웃의 아내)의 아름다움을 탐내지 말고 그 눈짓에 걸려들지 마라."(잠언 6,25), "이루어지지 않은 희망은 마음을 아프게 한다."(잠언 13,12 참조), 주정꾼의 "마음은 괴상한 소리를 지껄이게 된다."(잠언 23,33)라고 합니다. 윤리적 차원에서 마음은, "간악한 계획을 꾸미는"(잠언 6,18) 사람의 죄악에 대한 완고함과 집요함을 가리키기 위하여 '비대해진/살찐/굳어진 마음'이라는 기이한 문구로 표현됩니다.

성경에 등장하는 leb의 도덕적 모습은 긍정적 측면도 가지고 있습니다. 시편 저자가 유다 임금을 향하여 다음과 같이 기원합니다. "당신 마음이 바라는 대로 당신께 베푸시고 당신의 모든 소망을 채워 주시기를 빕니다."(시편 20,5). 예언자 나탄도 이미 다윗에게 다음과 같이 예언했습니다. "주님께서 임금님과 함께 계시니, 가셔서 무엇이든 마음 내키시는 대로 하십시오."(2사무 7,3).

이렇게 해서 마음의 '종교적' 차원으로 넘어갑니다. 솔로몬은 왕위에 오르기 전에 하느님께 문자 그대로 "당신 종에게 듣는 마음을 주시어 당신 백성을 통치하고 선과 악을 분별할 수 있게 해 주십시오."(1열왕 3,9)라고 청합니다. 그 마음은 주님의 가르침(법)과 말씀에 순종하는 마음이며 참된 신앙인 각자에게 요구되는 것입니다. "이스라엘아, 들어라! 주 우리 하느님은 한 분이신 주님이시다. 너희는 마음leb을 다하고 목숨을 다하고 힘을 다하여 주 너희 하느님을 사랑해야 한다."(신명 6,4-5; 마태 22,37 참조).

그러나 신학적 관점에서 이 상징의 절정은 악을 행할 때의 '돌같이 굳은 마음'이 아니라, 선을 향해 열린 마음을 주시는 하느님의 은총을 예고하는 에제키엘 예언자에게서 드러납니다. "나는 그들에게 다른 마음을 넣어 주고 … 그들의 몸에서 돌로 된 마음을 치워 버리고 살로 된 마음을 넣어 줄 것이다."(에제 11,19 참조).

그러므로 마음은 양심과 동의어이며 실존의 영혼이고, 사랑과 죄, 이성과 감정의 원천입니다. 결론적으로 성경의 하느님은 아버지의 마음을 가지고 계신다고 단언할 수 있습니다. 그래서 호세아 예언자는 주님을 아버지로 묘사하며 주님의 고백을 다음과 같이 증언합니다. "이스라엘아, 내가 어찌 너를 저버리겠느냐? … 내 마음이 미어지고 연민이 북받쳐 오른다."(호세 11,8).

LEḤEM 레헴
빵, 양식

לֶחֶם

m ḥe le

빵(양식)은 온 인류에게 근원적 표징입니다. 프랑스 저술가 클로델P. Claudel은 "늙은 대지에게 질문하라. 그대에게 항상 빵과 포도주로 답할 것이다."라고 말했습니다. leḥem[레헴]은 빵을 의미하면서도 나아가 기본적인 음식 전반을 가리키기도 합니다. 이 단어는 베들레헴, 곧 Bet-leḥem[베트-레헴], '빵의 집'을 연상시킵니다.

구약 성경에 300회나 사용된 이 어휘는 놀랍게도 '전쟁'을 뜻하는 무시무시한 단어, milḥamah[밀하마]와 어근이 같습니다. 이 단어는 319회 등장하며, 또한 ṣaba'/ṣeba'ot[차바/츠바오트], '군대/군대들'이라는 또 다른 군사 용어(때로는 상징적으로)와도 함께 쓰이는데, 이 말은 486회 등장합니다. 빵을 위한 투쟁이 증오와 분열을 초래하는 것은 사실입니다. 실제로 이 용어는 성경의 시작, 인류의 첫

출현 무대에서도 등장합니다. 창조주는 죄를 지은 인간에게 "얼굴에 땀을 흘려야 양식leḥem을 먹을 수 있으리라."(창세 3,19)라고 말씀하십니다.

하지만 우리는 시나이 광야의 고통스러운 걸음 중에 특별한 빵인 만나로 식탁을 차려 주신 분도 주님이심을 알고 있습니다. 사실 만나는 광야의 위성류渭城柳 식물 '타마리스크 나무tamarix mannifera'에서 분비되는 일종의 식용 알갱이와 같은 것인데, 모세는 "이것은 주님께서 너희에게 먹으라고 주신 양식leḥem이다."(탈출 16,15)라고 말하며 이스라엘 사람들에게 이를 전했습니다. 여하튼, 앞에서 언급한 대로, 일반적으로 leḥem은 모든 유형의 양식을 가리키며, 실제 측면에서 양식으로 먹는 모든 것이 빵이라는 암시입니다.

이와 같은 이유로 낭비에 익숙해진 현대 사회와는 달리, 고대 문명에서 빵은 숭배의 대상이었습니다. 동물들에게 빵을 사료로 주지 않았고, 아랍인들에게는 빵을 칼로 자르지 않는 풍습이 있습니다. "빵을 죽여서는 안 되기" 때문이었습니다. 그들은 마치 빵을 살아 있는 생명체처럼 여겼습니다. 성경에서는 빵을 하느님의 선물이라고 반복해서 선언합니다. "(주님께서는) 굶주린 이들에게 빵leḥem을 주시는 분이시다."(시편 146,7). "(주님께서는) 인간의 마음에 생기를 돋우는 빵을 주십니다."(시편 104,15).

예언자들은 "네 양식leḥem을 굶주린 이와 함께 나누고"(이사 58,7)

라고 자선 행위를 제안했습니다. 우리는 예수님께서 빵을 많게 하신 기적을 통해 이 빵 나눔이 신약 성경에서 얼마나 깊은 의미를 지니는지 잘 알고 있습니다. 더 나아가 성경의 율법은 "이방인을 사랑하고 그에게 음식과 옷을 주는"(신명 10,18 참조) 의무를 부여합니다. 이 지점에서 밀이나 보리로 만든 물질적 빵은, 그 이상의 상징적 가치로 넘어갑니다.

우리는 예수님께서 유혹자 사탄과 논쟁하실 때 인용하신 성경 구절을 쉽게 떠올릴 수 있습니다. "사람은 빵만으로 살지 않고 하느님의 입에서 나오는 모든 말씀으로 산다."(마태 4,4; 신명 8,3 참조). "당신 말씀을 발견하고 그것을 받아먹었더니"(예레 15,16)라고 한 예레미야 예언자의 고백처럼, 하느님의 말씀은 신앙인을 지탱하는 빵입니다. 이 길을 따라 우리는 마침내 당신 자신을 "나는 하늘에서 내려온 살아 있는 빵이다. 누구든지 이 빵을 먹으면 영원히 살 것이다."(요한 6,51)라고 하신 그리스도께 이르게 됩니다. 이는 예수님께서 지상 생활의 마지막 밤에 제자들과 함께 거행하신 성체성사의 순간을 가리킵니다. "그들이 음식을 먹고 있을 때에 예수님께서 빵을 들고 찬미를 드리신 다음, 그것을 떼어 제자들에게 주시며 말씀하셨다. "받아 먹어라. 이는 내 몸이다.""(마태 26,26).

מוֹת

t ô m

히브리어 단어 môt[모트], '죽다'에는 명사 '죽음'의 의미도 있습니다. 구약 성경에서 정확히 1,000회 사용되는 이 단어는 실제로 môt tamût[모트 타무트], "너는 반드시 죽을 것이다."(창세 2,17)라고 한 냉혹한 선언으로 성경의 첫 부분부터 울려 퍼집니다.

신체적 죽음은 피조물의 한계를 드러내는 표지입니다. 즉, 수많은 죽은 이들과 자신을 일치시키는 커다란 '상징'이며, 죄와 고독과 불행과 폭력의 상징입니다. 죽음은 성경의 거의 모든 부분에서 다뤄집니다. 이 성경 말씀들은 지고한 죽음, 곧 아람어로 '골고타Golgota', 라틴어로 '갈바리오Calvario'라 불리는 예루살렘 언덕 위 '해골 터'에서 예수 그리스도의 죽음으로 한데 모아집니다. 죽음의 공포는 성경 속 모든 인간에게서 나타납니다.

시편 39편의 기도자로부터 시작합시다. "보소서, 당신께서는 제가 살날들을 몇 뼘 길이로 정하시어 제 수명 당신 앞에서는 없는 것과 같습니다. 사람은 모두 한낱 입김으로 서 있을 뿐. 인간은 한낱 그림자로 지나가는데 부질없이 소란만 피우며 쌓아 둡니다."(시편 39,6-7). 시편 90편 저자는 노래합니다. "당신께서는 인간을 먼지로 돌아가게 하시며 말씀하십니다. "사람들아, 돌아가라." … 당신께서 그들을 쓸어 내시면 그들은 아침 잠과도 같고 사라져 가는 풀과도 같습니다. 아침에 돋아났다 사라져 갑니다. 저녁에 시들어 말라 버립니다."(시편 90,3.5-6). 중병에서 회복되어 환호하는 히즈키야 임금의 말은 의미심장합니다. "저승은 당신을 찬송할 수 없고 죽음은 당신을 찬양할 수 없으며 구렁으로 내려가는 자들은 당신의 성실하심에 희망을 두지 못합니다. 오늘 제가 하듯이 산 사람, 살아 있는 사람만이 당신을 찬송할 수 있습니다."(이사 38,18-19). 겟세마니에서 죽음의 고뇌에 휩싸이셨던 예수님은 천사의 위로를 받으신 후 이렇게 기도하셨습니다. "아버지, 아버지께서 원하시면 이 잔을 저에게서 거두어 주십시오."(루카 22,42).

그러므로 하느님의 말씀은 공포와 인간의 한계라는 느낌으로 구체화됩니다. 구약 성경의 많은 부분에서 저승을 의미하는 she'ol[셔올]은 유령 같은 망령들이 있는 텅 빈 공간과 유사한 곳입니다. 그러나 하느님의 말씀은 인간이 점차 그 어두운 경계를 깨뜨리고, 그것을 새로운 빛으로 바라보도록 이끌어 줍니다. 이런 일이 죽음을 거쳐 하느님께로 나아간 에녹이나 엘리야(참조: 창세 5,24; 2열왕 2,1-11)에게만 일어나는 것은 아닙니다. 이는 지상에서 하느님과의 친교 속에 살면서, 죽을 때 영원과 무한을 만나는 모든 의인의 운명이기도 합니다.

두 시편 저자의 신뢰 고백은 큰 의미가 있습니다. "당신께서는 제 영혼을 저승에 버려두지 않으시고 당신께 충실한 이는 구렁을 아니 보게 하십니다. 당신께서 저에게 생명의 길을 가르치시니 당신 면전에서 넘치는 기쁨을, 당신 오른쪽에서 길이 평안을 누리리이다."(시편 16,10-11). "하느님께서는 내 영혼을 구원하시고 저승의 손에서 나를 기어이 빼내시리라."(시편 49,16).

그리스도교가 태동할 무렵 지혜서는 죽음 이후 하느님과의 친교를 충만하게 찬양합니다. "의인들의 영혼은 하느님의 손안에 있어 어떠한 고통도 겪지 않을 것이다. 어리석은 자들의 눈에는 의인들이 죽은 것처럼 보이고 그들의 말로가 고난으로 생각되며 우리에게서 떠나는 것이 파멸로 여겨지지만 그들은 평화를 누리고 있다. 사람들이 보기에 의인들이 벌을 받는 것 같지만 그들은 불사의 희망으로 가득 차 있다."(지혜 3,1-4). 실제로 아가는 "사랑은 죽음처럼 강하고"(아가 8,6), 사랑이 죽음을 이긴다고 확신합니다.

오스트리아의 위대한 시인 릴케(R. M. Rilke, 1875-1926년)가 "지금 우리를 향하고 있는 삶의 다른 모습"이라고 정의 내린 죽음에 관한 담화는 신약 성경에서 훨씬 더 밝은 전망으로 이어질 것입니다. 그러나 고전 그리스 문화가 이해했듯 영혼의 순수하고 단순한 불멸의 죽음이 아닌, 죽음 이후에도 하느님과 영원히 함께하는 친교, 곧 그분 품 안에서 누리는 생명에 대한 신뢰의 씨앗은 이미 유다 민중의 신앙 전통 안에 자리하고 있었습니다.

이슬람 세계에 전파된 유다 전승은 우리 믿음의 조상 아브라함의 죽음을 다음과 같이 묘사했습니다. "아브라함이 자신의 영혼을 가지러 온 천사에게 말했다. '그대는 친구의 죽음을 원하는 친구를 본 적이 있는가?' 그러자 주님께서 아브라함에게 계시하셨다. '그대는 사랑하는 사람을 만나기를 거부하는 연인을 본 적이 있는가?' 그러자 아브라함이 말했다. '죽음의 천사여, 저를 데려가소서!'"

מַלְאָךְ

k ʾa l ma

에덴동산을 지키는 "커룹들과 번쩍이는 불 칼"(창세 3,24)이 나오는 성경의 첫 책에서부터 요한 묵시록에 등장하는 천사 무리에 이르기까지, 성경은 신들이 아닌 초자연적 존재들의 등장으로 활기가 넘칩니다. 이들은 고대 이스라엘의 주변 문화권에도 알려져 있었습니다. 히브리어 명칭인 mal'ak[말라크]는 구약 성경에 213회 등장하고, 그리스어 ánghelos[안겔로스]로 번역되었으며, '천사'를 의미하는 'angelo'도 여기서 파생되었습니다. 유다교와 그리스도교 전통에서 이들은 '사자使者'로 이해되며, 가톨릭 전례에서는 10월 2일을 '수호천사 기념일'로 정해 이들을 경축합니다.

천사의 사명은 세상과 역사와 본질적으로 '다른' 신비로운 존재이신 하느님의 초월성을 지키는 것입니다. 하지만 동시에 그분의 말씀과 행위를 우리에게 전하는 '사자'의 역할을 하면서 그분을 우리 곁으로 모셔 오는 것입니다. 바로 이런 이유로, 성경에서 천사는 직접 무대 위에 오르시는 하느님께 자리를 내어 드리기 위해 물러나 있는 것처럼 보입니다. 그러므로 모세가 불타는 떨기나무를 만난 이야기에서 주님의 천사가 먼저 등장하고, 하느님께서는 떨기 한가운데에서 "모세야, 모세야!" 하고 그를 부르셨던 것입니다(탈출 3,4 참조).

그러므로 천사의 역할은 시편에 나오는 것처럼 하느님의 뜻과 사랑과 정의를 사람들이 볼 수 있고, 인지할 수 있도록 중개하는 것입니다. "주님의 천사가 그분을 경외하는 이들 둘레에 진을 치고 그들을 구출해 준다."(시편 34,8). "그분께서 당신 천사들에게 명령하시어 네 모든 길에서 너를 지키게 하시리라. 행여 네 발이 돌에 차일세라 그들이 손으로 너를 받쳐 주리라."(시편 91,11-12). 여기서 우리는 토빗기의 아자르야-라파엘 천사의 모습에서 잘 묘사된 '수호천사'의 전통적 표상을 확인할 수 있습니다.

그러나 mal'ak는 앞서 언급한 것처럼 그 기저에 '사자'의 의미가 있습니다. 따라서 이 단어가 인간에게도 적용될 수 있음을 이해할 수 있습니다. 곧, 하느님의 말씀을 백성에게 전하는 예언자들에게도 사용될 수 있는 것입니다. 기원전 520년 하까이 예언자는 바빌론 유배에서 귀환한 유다인들에게 이렇게 말했습니다. "주님의 사자 하까이는 주님의 말씀을 백성에게 전하였다. "내가 너희와 함께 있다. 주님의 말이다.""(하까 1,13). 또한 말라키Malachia라는 예언자의 이름(혹은 가명)은 히브리어로 '주님의 사자'라는 뜻입니다.

우리는 말라키 예언자의 글에서 사제들을 향한 경고를 읽을 수 있습니다. "사제의 입술은 지식을 간직하고 사람들이 그의 입에서 법을 찾으니 그가 만군의 주님의 사자mal'ak이기 때문이다."(말라 2,7). 시편 저자는 자연에 존재하는 특별한 사자를 소개합니다. "바람을 당신 사자mal'ak로 삼으시는 분"(시편 104,4 참조). 따라서 우리는 우주도 역시 온 인류에게 개방된 하느님의 계시를 포함하고 있음을 깨닫게 됩니다. 그러나 엄밀한 의미의 '천사'에 대한 이야기로 돌아가 결론을 맺겠습니다.

앞서 이야기한 것처럼 천사들의 임무는 하느님의 무한하심과 인간의 유한함 사이를 중개하는 것이며, 이는 그리스도에 대해서도 마찬가지입니다. 저명한 신학자 폰 발타사르(H. Urs von Balthasar, 1905-1988년)는 이렇게 기록했습니다. "천사들은 예수님의 삶 전체를 둘러싼다. 그들은 우리 가운데로 내려오신 하느님의 광채로서 구유에 나타나고, 부활과 승천에서는 하느님께로 올라가는 광채로 다시 나타난다." 천사들의 사명은 하느님의 신성한 빛에 우리의 눈이 멀지 않도록, 그리스도 안에 현존하시는 하느님 영광의 신비를 다시 한번 계시하기 위해 인간 가까이에 머무는 것입니다.

MÈLEK 멜렉
임금

מֶלֶךְ

k le me

가톨릭 교회의 전례력에서 연중 시기의 마지막 주일은 온 세상의 임금이신 그리스도께 봉헌되었습니다. '임금'은 성경에서 매우 중요하게 여기는, 하느님을 대표하는 표현입니다. 따라서 히브리어 명사 mèlek[멜렉]에 대해 알아보는 것은 당연한 일입니다. 이 단어는 앞서 이미 설명한 대로 하느님의 이름인 Jahweh와 '아들'을 뜻하는 ben에 이어 구약 성경에서 세 번째로 많이 사용되었습니다(2,526회). 이 용어에서 동사 malak([말라크], 통치하다, 346회), malkût([말쿠트], 왕국, 117회), malkah([말카], 여왕, 35회)와 같은 다른 용어들이 파생되었습니다. 이들은 모두 동의어이며, Melchisedek([멜키체덱], 정의의 임금) 또는 Abimelek([아비멜렉], 나의 아버지 또는 하느님은 임금이시다)과 같이 사람의 이름에도 사용됩니다.

하느님께 적용한다고 해도 임금이라는 칭호는 당연히 고대 근동 문명과 이스라엘의 경험에서 기인한 것입니다. 상반되는 의견들이 있기는 하지만 이스라엘은 기원전 9세기 중반 무렵, 예언자 사무엘이 마지못해 사울을 첫 임금으로 축복하면서부터 왕정을 시작했습니다(1사무 8-10장). 그러나 우리가 알고 있듯이, 메시아 사상으로 이끄는 역사적 길이 되는 첫 번째 왕조를 세운 것은 다윗이었습니다. 신학적 차원에서 중요한 것은 '하느님 나라'가 지닌 이중의 의미입니다. 곧, 능동적 의미로서 하느님 나라는 주님의 '통치와 주권'을 가리키며, 수동적 의미로서 하느님 나라는 하느님의 정의로운 '통치를 받는 백성과 땅'을 뜻합니다.

이 주제의 종교적 내용은 조화로운 세상, 정의로운 사회, 인간이 창조주께서 계획하시고 바라신 뜻에 따라 살아가는 지평을 지향하고 있습니다. 그러나 이 계획은 안타깝게도 인간의 죄로 금이 가고 황폐해졌습니다. 이 통치 계획은 이른바 '임금이신 주님의 시편'(시편 47장; 93장; 96-99장)에서 노래되고 있습니다. "주님은 임금이시다. 정녕 누리는 굳게 세워져 흔들리지 않고 그분께서는 민족들을 올바르게 심판하신다. 그분께서 오신다, 세상을 다스리러(심판하러) 그분께서 오신다. 그분께서 누리를 의롭게, 민족들을 성실하게 다스리시리라(심판하시리라)."(시편 96,10.13).

여기에서 우리는 두 개의 동사가 사용된 것을 알 수 있습니다.

히브리어에서는 '다스리다'와 '심판하다'가 같은 의미이기 때문입니다. 임금의 기본적인 행위는 정의로운 정치를 하는 것이며, 이는 곧 정의로운 판관이 되는 것입니다. 임금이신 메시아 시편에서는 이 점을 강력하게 주장합니다. "하느님, 당신의 공정을 임금에게, 당신의 정의를 왕자에게 베푸소서. 그가 당신의 백성을 정의로, 당신의 가련한 이들을 공정으로 통치하게 하소서. 산들은 백성에게 평화를, 언덕들은 정의를 가져오게 하소서. 그가 백성 가운데 가련한 이들의 권리를 보살피고 불쌍한 이들에게 도움을 베풀며 폭행하는 자를 쳐부수게 하소서."(시편 72,1-4).

비로소 우리는 예수님께서 처음부터 '하느님 나라'라는 주제를 당신 설교의 중심에 놓으신 이유를 이해할 수 있습니다. "회개하여라. 하늘 나라가 가까이 왔다."(마태 4,17). 마태오 복음사가는 유다인들의 관습대로 인간이 발음할 수 없는 하느님의 거룩한 이름을 사용하지 않기 위하여 '하늘 나라'라는 문구를 사용했습니다. 이와 같은 개념은 구약 성경에서 받아들인 것으로, 시편 저자는 이를 명쾌하게 표현합니다. "그분께서 누리를 의롭게, 백성들을 올바르게 다스리시리라. 주님께서는 하늘에 당신 어좌를 든든히 세우시고 그분의 왕권은 만물을 다스리신다."(시편 98,9; 103,19).

이러한 말씀들의 흐름 속에서, 그리스도께서도 빌라도 앞에서 "나는 임금이다."라고 선언하시면서, "내 나라는 이 세상에 속하지 않는다."(요한 18,33-37 참조)라고 하실 것입니다. 또한 그리스도께서는 최후의 심판이라는 영광스러운 장면에서 임금이자 심판자로서 나타나실 것입니다. "사람의 아들이 영광에 싸여 모든 천사와 함께 오면, 자기의 영광스러운 옥좌에 앉을 것이다. 그때에 임금이 자기 오른쪽에 있는 이들에게 이렇게 말할 것이다."(마태 25,31.34). 이러한 이유로, 전례력의 마지막 주일에 '진리와 생명의 나라, 거룩함과 은총의 나라, 정의의 나라, 사랑과 평화의 나라'를 세우시는 임금이신 그리스도의 사명을 찬양하는 것입니다.

MAQÔM 마콤
장소, 성전

מָקוֹם

m ô q ma

신이 머무는 신성한 공간을 인간들의 거주지 한가운데, 눈에 보이는 곳에 두는 것은 모든 문명에서 등장하는 우주적 개념의 기본적 구성 요소입니다. 루마니아의 종교학자 엘리아데(M. Eliade, 1907-1986년)는 세상의 복잡성과 다양성을 하나로 모을 수 있는 '중심'으로서의 신성한 공간에 대해 말했습니다. 이스라엘에서도 성전은 높은 차원의 환호를 받았습니다. 예를 들어, 이른바 시온의 노래들은 예루살렘 성소를 선택된 백성뿐 아니라(시편 122편 참조), 세상의 모든 민족들이 모이는 지점으로 칭송합니다(이사 2,2-5 참조). 이런 이유로 "정녕 당신의 종들은 시온의 돌들을 좋아하고 그 흙을 가여워합니다."(시편 102,15)라고 노래하는 것입니다.

그러나 성경은 하느님과 인간이 만나는 첫째 장소로 공간보다는 역사, 즉 시간을 우선시합니다. 솔로몬은 자신이 세운 성전을 봉헌하는 멋진 기도에서 이미 이렇게 물었습니다. "그러나 어찌 하느님께서 땅 위에 계시겠습니까? 저 하늘, 하늘 위의 하늘도 당신을 모시지 못할 터인데, 제가 지은 이 집이야 오죽하겠습니까?"(1열왕 8,27). 솔로몬은 성전을 "계시는 곳 하늘에서 들어"(1열왕 8,30) 주시는 초월적 하느님과, 기도를 바치고 예배를 드리는 신성한 공간에서 하느님을 찾고 만나는 인간 사이의 '만남의 천막'이라고 인식함으로써 이 같은 진퇴양난을 해결했습니다.

우리가 이미 '집'을 가리키는 히브리어 bajit/bêt[바이트/베트]에서 강조했듯이, 다윗 시대에 예언자 나탄은 중요한 원리를 제시했습니다. 곧 주님은 성전이라는 물질적 의미의 '집'보다, 다윗 '집안', 다시 말해 메시아에 이르기까지 다윗의 족보에 속한 사람들로 구성된 시간적 연속성 안에서의 현존을 선호하신다는 것입니다(2사무 7장 참조). 히브리어 bajit에는 이중적 의미, 곧 '집'과 '집안'을 의미하는 언어유희가 있습니다. 따라서 구원의 역사 자체가 최고의 성전이라 할 수 있으며, 예언자들은 이처럼 지나치게 신성시하고 거의 마술적으로 여겼던 성전의 개념을 극복해 나갑니다(예레 7장 참조).

이제 성경에 따른 성전 주제에 대한 폭넓은 설명을 마치면서 선택된 히브리어 단어를 설명할 차례입니다. 흥미롭게도 구약 성경에 401회 등장하는 히브리어 낱말 maqôm[마콤]은 넓은 의미에서

'장소'를 가리키지만, 신성한 공간인 '성전'을 의미하기도 합니다. 창세기에서 의미심장한 이야기를 찾을 수 있습니다. 분노한 형 에사우를 피해 도망가던 야곱이 머문 장소는 장차 이스라엘 성소의 중심이 되었습니다(창세 28,10-22 참조).

주님께서는 야곱에게 꿈에서 이제 떠나려는 그 땅으로 다시 돌아오게 될 것을 약속하십니다. 그러자 야곱은 그렇게 되면 그곳에 성전을 짓겠다고 맹세합니다. 그 맹세에서 야곱은 bajit, '집'과 maqôm, '장소' 두 개의 단어를 사용합니다. 그는 이렇게 말합니다. "진정 주님께서 이곳maqôm에 계시는데도 나는 그것을 모르고 있었구나. 이 얼마나 두려운 곳maqôm인가! 이곳은 다름 아닌 하느님의 집bajit이다. 여기가 바로 하늘의 문이로구나."(창세 28,16-17). 그래서 그곳은 Bet-'el[벳엘/베텔], 곧 '하느님의 집'이라 불립니다.

구약 성경에는 성전을 가리키는 다른 용어들도 등장합니다. 계약 궤를 보관하는 '지성소' 또는 '거룩한 방' 같은 용어도 있지만, 여기서는 특별히 시나이 광야에서 이스라엘의 이동식 성전을 가리켜 사용된 아름다운 표현, 'ohel mo'ed[오헬 모에드], 곧 '만남(또는 집합)의 천막'을 언급하고자 합니다. 사실 이 거룩한 장소는 이스라엘 백성들이 기도를 들어주시기 위해 하늘에서 내려오시는 하느님을 만나는 곳입니다. 또한 이스라엘 지파의 다양한 구성원들이 서로 만나 신앙 공동체의 회중을 형성하는 곳이기도 합니다.

מָשִׁיחַ

aḥ î sh Ma

'메시아'라는 단어를 모르는 사람이 있을까요? 하지만 메시아가 히브리어 형용사/명사 mashiaḥ[마시아흐]의 우리말 음역임을 아는 사람은 많지 않을 것입니다. 구약 성경에 39회 등장하는 이 단어는 직역하면 '기름부음받은이', 곧 '성별된 이'를 뜻합니다. 이 용어의 그리스어 번역이 Christós[크리스토스]이며, 여기에서 그리스도 Cristo가 파생되었습니다. 메시아의 칭호는 세 범주의 사람들에게 부여되었습니다.

첫 번째는 다윗과 같은 '임금'에게 적용됩니다. "그곳에서 내가 다윗에게 뿔이 돋게 하고 나의 기름부음받은이에게 등불을 갖추어 주리라."(시편 132,17). 바빌론에서 유배살이를 하던 유다인들이 고국으로 돌아갈 수 있도록 허락해 준 페르시아 임금 키루스도 이사야 예언서에서 이 같은 칭호를 받게 됩니다. "주님께서 당신의 기름부음받은이mashiaḥ에게, 당신께서 오른손을 붙잡아 주신 키루스에게 말씀하시니"(이사 45,1).

또한 이 단어는 '사제'들에게도 자연스럽게 적용됩니다. 이를 사제들에게 헌정된 레위기에서 볼 수 있는데, 거기서 그들은 희생 제사를 바치는 집전자 역할을 합니다. "기름부음받은mashiaḥ 사제는 황소의 피를 얼마쯤 받아, 만남의 천막으로 가지고 들어간다."(레위 4,5). 시편 시인이 전해 주는 대사제의 표상은 시사하는 바가 큽니다. "머리 위의 좋은 기름 같아라. 수염 위로, 아론의 수염 위로 흘러내리는, 그의 옷깃 위에 흘러내리는 기름 같아라."(시편 133,2).

마지막으로 사제나 임금의 경우처럼 의식을 거친 것은 아니지만, '예언자'도 기름부음받은이mashiaḥ입니다. 이에 관하여, 이사야 예언서의 자전적 선언이 중요합니다. "주님께서 나에게 기름을 부어 주시니 주 하느님의 영이 내 위에 내리셨다."(이사 61,1). 예수님은 나자렛 회당에서 안식일 예배를 바치는 동안 이 단락을 공개적으로 읽으시면서 이를 당신 자신에게 적용하십니다. "오늘 이 성경 말씀이 너희가 듣는 가운데에서 이루어졌다."(루카 4,21).

그리스도께 메시아의 칭호를 부여하는 것은 지금까지 설명한 세 가지 차원을 모두 아우른다고 할 수 있습니다. 처음에는 놀라워하다 금세 분노하던 고향 사람들 앞에서 단언하셨듯이, 그분은 예언자이십니다. 그러나 그분은 임금이시기도 합니다. 예수님 가르침의 핵심은 하느님 나라의 선포이며, 그 나라에서 그분은 심판자로서 결정적 역할을 수행하십니다. 마태오 복음사가가 다룬 최후 심판의 놀라운 장면을 참조할 필요가 있습니다(마태 25,31-46 참조). 그 장면의 시작이 매우 선명하게 울려 퍼집니다. "사람의 아들이 영광에 싸여 모든 천사와 함께 오면, 자기의 영광스러운 옥좌에 앉을 것이다. 그때에 임금이 자기 오른쪽에 있는 이들에게 이렇게 말할 것이다."(마태 25,31.34). 오른쪽에 있는 이들은 사랑의 계명을 실천한 의인들을 가리킵니다.

끝으로, 그리스도께서는 신약 성경의 길고 장엄한 강론인 히브리인들에게 보낸 서간에서 사제로 찬양을 받으십니다. "예수님께서는 멜키체덱과 같은 영원한 대사제가 되시어, 우리를 위하여 선구자로 그곳에 들어가셨습니다. 지금 하는 말의 요점은 우리에게 이와 같은 대사제가 계시다는 것입니다. 곧 하늘에 계신 존엄하신 분의 어좌 오른쪽에 앉으시어, 사람이 아니라 주님께서 세우신 성소와 참성막에서 직무를 수행하시는 분이십니다."(히브 6,20; 8,1-2).

다윗 가문의 메시아이신 그리스도의 계보에 따라, 그리스도인들 역시 세례를 받을 때 임금이요, 사제며, 예언자로 기름부음을 받았습니다. 여러분은 "선택된 겨레고 임금의 사제단이며 거룩한 민족이고 그분의 소유가 된 백성입니다."(1베드 2,9).

NABÎ' 나비
예언자

נָבִיא

ʾ î b na

이 히브리어 단어는 성경의 중요 인물인 '예언자'를 연상시킵니다. 성경의 첫 번째 예언자는 사무엘이지만, 그전에 모세가 이미 모든 예언자 중에 최고의 예언자로 규정되어 있었습니다. 그는 "주님께서 얼굴을 마주 보고 사귀시던 사람"(신명 34,10)이었습니다. 초월적 목소리에 사로잡힌 카리스마적인 인물의 존재는 거의 모든 종교에서 나타납니다. 성경에도 이방인 점술사 발라암이 등장하는데, 그는 신의 참된 메시지를 전달하는 증인으로 알려져 있었습니다(민수 22-24장 참조).

그러나 성경의 예언은 가장 내밀한 본질에서 예언을 '유일무이하게unicum' 하는 독창적 특성들을 갖고 있기에, 독일 철학자 야스퍼스(K. Jaspers, 1883-1969년)의 말처럼, "세계 역사의 중심 사건"이

됩니다. 성경의 예언자는 초월적이며 인격적인 하느님의 사자이며, 신탁(정확히는 예언자의)의 서론과 결론은 언제나 "주님께서 이렇게 말씀하신다."라는 문장으로 이루어집니다.

예언자를 가리키는 용어들은 다양합니다. 315회에 걸쳐 등장하는 nabî'[나비]는 '부름받은 이'의 의미였을 것입니다. 이는 아모스 예언자(기원전 8세기)가 기억하듯, 하느님의 개입에 의해 삶이 뒤흔들린 사람을 의미합니다. "나는 예언자도 아니고 예언자의 제자도 아니다. 나는 그저 가축을 키우고 돌무화과나무를 가꾸는 사람이다. 그런데 주님께서 양 떼를 몰고 가는 나를 붙잡으셨다. 그러고 나서 나에게 '가서 내 백성 이스라엘에게 예언하여라.' 하고 말씀하셨다."(아모 7,14-15).

예언자의 또 다른 정의로는 76회 반복되는 '하느님의 사람'이 있습니다. 이는 엄밀한 의미에서 엘리야와 엘리사 같은 초기 예언자들에게 적용되지만, 그들의 저작들은 남아 있지 않고, 열왕기에 그들의 생애를 전해 주는 일화들만이 남아 있습니다.

그 밖에도 hôzeh[호제], '환시가'가 16회, ro'eh[로에], '선견자'가 11회 등장합니다. 이 두 용어는 초월적 환시를 보고 하느님의 메시지를 깨닫는 사람이라는 점을 강조합니다.

그러나 성경의 고대 그리스어 번역본인 '칠십인역'과 신약 성경은 그리스어 어휘 profètes[프로페테스]를 받아들였습니다. 이 단어는 동사 femí[페미], '말하다'와 전치사 pró[프로]를 포함하고 있으며, 전치사 pró는 예언 사명을 정의하는 데 유익한 세 가지 의미, 곧 '~을 대신하여', '~ 앞에서', '~ 전에'라는 의미를 갖고 있습니다.

결정적인 것은 첫 번째 의미입니다. 곧 예언자는 '하느님의 이름으로' 말하며, 하느님의 뜻을 사람들에게 전하는 대변자입니다. 바로 이러한 역할 때문에 예언자는 미래의 알려지지 않은 일을 점치는 사람이 아니라, 자신이 살아가는 현재에 깊이 뿌리내린 사람입니다. 그는 역사와 사회, 그리고 자신이 속한 시대의 사건들에 깊이 관여합니다. 전쟁과 국제 문제, 사회적 불의와 해방의 염원, 정치적 긴장과 민족의 운명 등에 대한 정보와 관계를 알아보기 위해서는 예언서를 펼쳐 드는 것만으로도 충분합니다.

그러므로 예언자의 존재는 백성에게(청중 '앞에서') 역사의 심원한 의미를 드러내 보이는 사명을 가집니다. 곧 하느님께서 보이지 않는 방식으로 역사 속에 새겨 넣으신 뜻, 그리고 인간이 자유로운 선택으로 따르길 바라시는 그 뜻을 밝히는 과제를 맡고 있습니다. 그 과제는 인간의 행위와 불안한 움직임을 감싼 겉모습 속에 숨겨진 삶의 의미를 식별하는 작업입니다.

위대한 철학자 파스칼은 예언자의 목소리가 없었다면, "우리는 누가 우리를 우주의 이 모퉁이에 놓았는지, 무엇을 하러 왔으며, 죽을 때 어떻게 될지 알지 못할 것이다."(『팡세』, 693)라고 말했습니다. 바로 이러한 이유로 히브리어 정경은 성경의 역사서들도 '전기 예언서'라고 불렀습니다. 그 무대에 서술된 역사는 단순한 사실史實이 아닌, 구원의 역사였기 때문입니다.

‘EBED 에베드
종

עֶבֶד

d be ᶜe

그리스도교 전통에서 이사야 예언서에 삽입된 네 편의 노래는 특별한 의미를 지닙니다. 그 노래들에는 신비로운 ‘주님의 종’이 주인공으로 등장하는데, 그는 모든 민족들에게 구원의 메시지를 선포하며, 진정한 고통의 골고타, 수난과 죽음에 맞서지만 결국 최후에는 영광스럽게 됩니다. 이런 이유로 성금요일의 전례 때 선포되는 ‘주님의 종’의 넷째 노래(이사 52,13-53,12)의 의미는 매우 중요합니다.

‘종’을 가리키는 히브리어 용어 ‘ebed[에베드]는 구약 성경에 800회(‘주님/하느님의 종’의 형태로는 268회)나 등장합니다. 그 기저에는 동사 ‘abad[아바드]가 있음을 곧장 알 수 있습니다. 이 동사는 ‘봉사하다’, ‘(땅을) 경작하다’(창세 2,15 참조), 주님께 대한 충실, 전례적 예배 등의 의미를 지닙니다. 개신교에서도 공동체 예배를 묘사할 때 '봉사'라는 용어를 사용합니다.

이처럼 다양한 의미 때문에, 'ebed라는 단어를 단순히 노예 신분으로 축소하여 이해하는 것은 옳지 않습니다. 오히려 많은 경우 이 단어는, 하느님께서 맡기신 사명을 수행하는 사람에게 주어지는, 일종의 '성직'에 가까운 중요한 직무를 가리키는 영예로운 칭호입니다. 그리하여 성조들, 모세, 다윗, 예언자들, 사제들, 신앙인들 그리고 모든 이스라엘 백성이 '주님의 종'으로 정의됩니다. 그러나 앞서 언급한 것처럼, 이사야서에서 노래하는 '주님의 종'에게는 특별한 입지가 예비되어 있습니다. 그는 메시아의 개념과 고통의 의미에 결정적인 전환점을 가져온 존재입니다.

사해 근처 쿰란에 있던 유명한 유다인 공동체는 73년 로마인들에 의해 본거지가 파괴되었지만, 1947년부터 그들이 남긴 수사본 두루마리들이 발견되기 시작했습니다. 그들만이 이사야서의 그 단락들을 메시아적 관점으로 읽었습니다. 그러나 그 노래에서 임금의 승리가 아니라, 백성의 죄를 속죄하기 위해 자신의 고통을 통해 구원하시는 그리스도의 얼굴을 본 것이 바로 그리스도교였습니다. 실제로 이사야서에는 다음과 같이 나와 있습니다. "그가 찔린 것은 우리의 악행 때문이고 그가 으스러진 것은 우리의 죄악 때문이다. … 그의 상처로 우리는 나았다."(이사 53,5).

어쩌면 한 예언자, 예레미야나 모세, 또는 박해받는 이스라엘 자신이나 지혜의 스승을 떠올리게 했을지도 모르는 이사야서의 이 구절은 그리스도의 수난과 죽음과 부활의 빛으로 밝혀집니다. 악에서의 해방, 구원은 더 이상 왕권의 길이 아니라, 겸손한 '봉사', 희생적 자기 봉헌의 길을 통해 실현됩니다. 그러나 결국 주님께서는 당신의 'ebed종에게 당신 얼굴의 광휘를 보게 하시어, 당신의 영광으로 그를 친밀하게 안아 주시고, 그에게 "제 몫을"(이사 53,12) 상으로 주실 것입니다.

성경의 또 다른 장면, 이제 막 약속의 땅에 들어온 이스라엘 회중을 생각하면서 결론을 맺겠습니다. 모세의 후계자 여호수아가 주님께 충실할 것을 백성들에게 요구하자 그들은 한목소리로 대답합니다. "우리는 주 우리 하느님을 섬기고'abad 그분의 말씀을 듣겠습니다."(여호 24,24). 여호수아기 24장 1-24절에는 동사 '섬기다'가 14회나 울려 퍼집니다. 또한 시편 저자는 "주님께서 당신 종들'ebed의 목숨을 건져"(시편 34,23) 주신다고 확신합니다.

עוֹלָם

m la ô ʿ

“산들이 생기기 전에 땅이며 누리가 나기 전에 영원에서 영원까지 당신은 하느님이십니다.”(시편 90,2). 번역하기가 매우 어려운 히브리어 단어 ‘ôlam[올람]은 우리말 ‘항상’의 의미에 포함됩니다. 이 단어가 ‘감추어지다, 희미하다, 보이지 않다, 알지 못하다’라는 의미인 어근 ‘alam[알람]에 근거하고 있기 때문입니다. ‘ôlam을 공간에 적용하면, 멀고 탐구할 수 없으며, 어두운 지역을 의미합니다. 시간을 가리키면, 먼 과거(흔히 말하는 ‘시간의 밤la notte dei tempi’), 현재 그리고 먼 미래까지 통합할 수 있을 것입니다.

그러므로 시편의 그 장면에서 영원은 한편으로는 ‘무한’이, 다른 한편으로는 ‘영원’이 될 것입니다. 우리는 공간(무한)과 시간(영원)을 초월하는 두 실재 앞에 있음에도 공간과 시간의 범주로 생각하고 표현합니다. 우리는 무한을 더욱더 길어지고 넓어지는 외연으로 상상하고, 영원을 절대로 끝이 없는 날들의 연속으로 상상합니다. 진실을 말하자면, 이것들은 모든 것이 자기 자신에게로 집중하는 지점(무한), 또는 어떤 연속도 없는 충만하고 완벽한 순간(영원)과 유사할 수 있는 초월적 실재입니다.

이처럼 복잡한 철학적 성찰은 접어 두고, 성경에서 440회 울려 퍼지는 이 단어가 어떻게 사용되는지를 밝혀 보려 합니다. 종합하자면, 'ôlam은 하느님의 시간, 즉 영원이며, 하느님만이 그 영원의 비밀을 간직하고 계십니다.

시편 저자의 목소리로 이 단어의 용례를 볼 수 있습니다. "저는 주님의 자애를 영원히'ôlam 노래하오리다. 제 입으로 당신의 성실을 대대로 전하오리다. 정녕 제가 아룁니다. "주님께서는 자애를 영원히'ôlam 세우시고 성실을 하늘에 굳건히 하셨습니다.""(시편 89,2-3). 실제로 신앙인은 기도할 때 하느님과 동일한 분위기 속으로 들어가며, 이 때문에 그의 찬양은 시작도 끝도 없이 영원합니다. 실제로 같은 시편은 이렇게 끝을 맺습니다. "주님께서는 영원히'ôlam 찬미받으소서."(시편 89,53).

이렇게 볼 때, 하느님과의 계약은 날짜나 장소에 얽매이지 않습니다. 우리는 시간과 공간 안에 있기 때문에 날짜와 장소도 존재하지만, 계약은 그것들을 초월하여 항상 유효하고 효과적인 사건입니다. 이사야 예언자는 회개를 권하며 죄인들을 초대할 때, 그들에게 "너희 죄인들아, 마음을 가다듬고 먼 옛날의 일들을 기억해 보아라. 내가 하느님, 다른 이가 없다."(이사 46,8-9)라고 권고했습니다. 그러므로 우리는 전례와 기도, 영적이고 도덕적인 삶 그리고 하느님과의 계약 안에서 누리는 그분과의 친교 중에 그분의 'ôlam, 곧 영원한 시간과 무한한 공간 안으로 들어가게 됩니다.

알아듣기 쉽지 않은 이 단어에 관한 설명을, 성경 속 독창적이고 도발적인 현자 코헬렛의 쉽지 않은 문장으로 마무리하고자 합니다. "그분께서는 모든 것을 제때에 아름답도록 만드셨다. 또한 그들 마음속에 시간 의식'ôlam도 심어 주셨다. 그러나 하느님께서 시작에서 종말까지 하시는 일을 인간은 깨닫지 못한다."(코헬 3,11). 코헬렛은 특유의 비판적 감각으로, 창조주께서 우리 마음속에 영원의 의미와 우리가 살고 있는 시간(때)의 신비를 심어 주셨지만, 우리는 하느님의 마음속에만 있는 그 실체와 의미를 온전히 이해할 수 없다고 확신합니다.

‘AM 암 | GÔJIM 고임
백성, 군중/민족들

גּוֹיִם / עַם

m ji ô g m ᶜa

이번에 다룰 히브리어 단어 두 가지는 동의어이지만, 맥락에 따라 다른 의미로 사용됩니다. 하나는 구약 성경에 1,868회나 등장하는 ‘am[암], ‘백성’이고, 다른 하나는 ‘백성, 민족’의 복수형인 gôjim[고임]입니다. gôjim은 단수형(123회)보다 복수형(438회)인 ‘군중, 민족들’을 가리키는 표현으로 더 자주 등장합니다. 절대적인 것은 아니지만, 첫 번째 단어 ‘am은 대부분 이스라엘, 곧 ‘선택된 백성’을 지칭할 때 사용됩니다. 두 번째 단어 gôjim은 히브리인들과 갈등 관계에 있는 외국 민족들을 가리킬 때 자주 사용되며, 예언서의 단락들 중 ‘민족들을 향한 신탁들’에 gôjim이라는 표현이 자주 등장합니다. 그래서 이 단어는 경멸적인 의미를 지니기도 합니다.

예수님께서 당신에게 딸을 고쳐 달라고 간청하는 시로 페니키아 여인에게 당시 언어 풍습에 따라 이방인을 부정한 짐승인 '개'에 비교하면서 가혹하게 대답하시는 장면에서 이러한 감수성이 드러납니다. "자녀들의 빵을 집어 강아지들에게 던져 주는 것은 좋지 않다."(마태 15,26). 그러나 성경의 본문들에는 우주의 창조주이신 하느님께서 gôjim들을 돌보아 주시고, 그들이 의로운 삶을 살도록 이끌어 주시어, 당신의 구원을 받게 해 주신다는 것을 보여 주는 구절들이 많습니다.

'요나 이야기'가 좋은 본보기입니다. 요나 이야기는 까다롭고 근본주의적인 예언자와, 유다 민족의 전통적 적대 세력이던 아시리아의 수도 니네베까지도 염려하시는 주님의 사랑을 대비시킵니다. 오히려 이사야서에서는 다음과 같은 하느님의 축복을 읽을 수 있습니다. "복을 받아라, 내 백성 이집트야, 내 손의 작품 아시리아야, 내 소유 이스라엘아!"(이사 19,25).

이와 달리 'am은 주로 시나이에서 하느님과 계약을 맺은 백성을 가리키는 데 사용됩니다. "이는 너희가 주 너희 하느님의 거룩한 백성'am이며, 주 너희 하느님께서 너희를 선택하시어 땅 위에 있는 모든 민족들 가운데에서 너희를 당신 소유의 백성으로 삼으셨기 때문이다."(신명 7,6). '소유'는 히브리어로 segullah[세굴라]이며, 다른 사람을 대신하여 돌보는 양 떼가 아닌, 목자가 직접 소유한

양 떼를 지칭하기에 소중하게 여겨집니다. 이러한 소속감은 시나이 계약의 주제로 표현되었습니다.

구약 성경에는 다음과 같이 주님과 이스라엘 사이에 맺은 계약의 전형적인 문구가 자주 되풀이됩니다. "나는 너희와 함께 살아가면서 너희 하느님이 되고 너희는 나의 백성'am이 될 것이다."(레위 26,12). 당신 백성과 끊을 수 없는 방식으로 일치되어 있는 유대를 표현하기 위해 주님을 임금으로, 목자로, 주인으로, 인도자로 제시하는 것은 바로 이런 이유 때문입니다. 이런 관점에서 하느님께서는 당신 백성 이스라엘을 돌보시고 축복하시며, 부유하게 하시고 배불리 먹이시어, 은혜를 베푸신다고 단언합니다. 그러나 백성이 다른 신들을 선택하여 자기 주님을 부정하는 불충실함이 야기될 위험 또한 항상 도사리고 있음을 무시할 수 없습니다.

그렇기 때문에 하느님께서 당신 백성을 심판하시고 징벌하시는 일련의 긴 표현과 사건들이 존재합니다. 이스라엘은 "주님께서 선택하신"(신명 14,2 참조) 백성이며, "민족들 가운데에서 가려낸"(레위 20,24) 백성입니다. 그러나 이스라엘은 우상 숭배의 죄로 스스로를 더럽히고, 하느님의 단죄를 받는 여러 민족들 가운데 하나로 전락했습니다. 그러나 이스라엘이 회개하자마자 하느님께서는 영원한 사랑으로 당신 백성을 찾아 나서십니다. "당신 백성의 죄를 용서하시고, 당신 백성을 물리치지 않으셨습니다."(참조: 시편 85,3; 94,14).

그러므로 하느님의 뜻은 바오로 사도가 항상 표현한 대로 "우리를 모든 불의에서 해방하시고 또 깨끗하게 하시며, 선행에 열성을 기울이는 당신 소유의 백성이 되게"(티토 2,14) 하시는 것입니다.

‘IMMANÛ’EL 임마누엘
하느님께서 우리와 함께

עִמָּנוּאֵל

l ʾe û n mma ʿi

우리가 살펴보고 있는 이 어휘는 신약 성경에서 중요한 용어로 수용됩니다. 사실, 이 낱말이 등장하는 본문은 유다 전통에서 메시아와 연결되어 온 예언 구절 가운데 하나이며, 마태오 복음서는 이 구절을 예수 그리스도의 탄생과 연결시키고 있습니다. “보십시오, 젊은 여인(처녀)이 잉태하여 아들을 낳고 그 이름을 임마누엘 ‘Immanû’el이라 할 것입니다.”(이사 7,14)

이 문장을 설명하기 위해서는 역사적 문맥을 거슬러 올라가 확인할 필요가 있습니다. 기원전 734년, 아하즈 임금은 시리아와 이스라엘 왕국이 유다 왕국에 선전 포고한 전쟁의 악몽 앞에 놓여 있었습니다. 사마리아를 수도로 하는 이스라엘 왕국은 기원전 931년 솔로몬 임금 사후, 유다에서 떨어져 나간 형제 왕국이었습니다. 이에 아하즈는 외국의 힘, 곧 아시리아 군대의 도움을 청하려고 했습니다. 그러나 이사야 예언자는 이를 강하게 만류하며, 아하즈에게 예루살렘의 하느님을 향한 신뢰와 스스로의 힘으로 다마스쿠스-사마리아 연합군에 맞서라고 조언했습니다.

이사야는 자신의 호소에 대한 뒷받침으로 하나의 표징을 제시했습니다. 본래의 본문에는 'almah, '젊은 여인'이 등장합니다. 그 여인은 아들을 하나 낳을 터인데, 그의 이름은 바로 임마누엘, 곧 '우리와 함께 계시는 하느님'이 될 것이며 구원의 상징이 될 것입니다. 이 젊은 여인이 누구인지 예언자는 밝히지 않았습니다. 어쩌면 이사야는 아하즈의 아내 아비야를 두고 예언을 한 것일지도 모릅니다. 사실 아비야는 의롭고 충실한 군주이자, 이사야가 사랑한 히즈키야 임금을 낳습니다. 그러나 이어지는 장들에서 이 아들의 윤곽은 일종의 메시아적 빛으로 후광을 두를 만큼 칭송을 받습니다(참조: 이사 9,1-6; 11,1-9).

이러한 전망에서 그 어머니의 위상도 더 높고 신비로운 윤곽을 띠게 됩니다. 성경의 고대 그리스어 번역본이자 전설적인 번역자들의 숫자를 표기한 '칠십인역'에서 히브리어 단어 'almah, '젊은 여인'을 그리스어로 '동정녀'를 의미하는 parthénos[파르테노스]로 옮긴 것은 결코 우연이 아닙니다. 마태오 복음사가는 자기 복음서 안의 다른 성경 인용들과 마찬가지로, 바로 이 번역을 사용했습니다다. 그는 예수님께서 어머니 동정녀 마리아에게서 태어나신 것을 가리키기 위해 이 어휘를 활용했습니다. "주님께서 예언자를 통하여 하신 말씀이 이루어지려고 이 모든 일이 일어났다. 곧 "보아라, 동정녀가 잉태하여 아들을 낳으리니 그 이름을 임마누엘이라고 하리라." 하신 말씀이다. 임마누엘은 번역하면 '하느님께서 우리와 함께 계시다.'는 뜻이다."(마태 1,22-23).

이사야 예언자에게 이 이름은 적군의 침공이라는 악몽 앞에서 보호를 뜻하는 이름이었습니다. "계획을 의논해 보아라. 그러나 깨져 버리리라. 결의를 말해 보아라. 그러나 성사되지 못하리라. 하느님께서는 우리와 함께 계시다'Immanû'el."(이사 8,10). 이와 달리 마태오 복음사가에게 이 이름은 훨씬 더 강력한 의미를 가지고 있었습니다. 곧, 하느님께서 한 사람의 아기, 곧 하느님의 아들이며 동정녀 마리아의 아들이라는 실재로 우리 곁에 내려오신 것입니다. 이것이 바로 그리스도교의 중심인 강생의 신비이며, 성탄 전례의 핵심입니다.

עֲנָוִים

m î w na ʿa

'성모 찬송', 그 유명한 '마리아의 노래'(Magnificat, 루카 1,46-55 참조)를 모르는 사람은 없을 것입니다. 102개의 그리스어 단어로 이루어진 이 찬가는, 복음서 안에서 마리아의 입으로 전해지는 단어 154개 가운데 대부분을 차지하고 있습니다. 마리아가 발언하는 다른 다섯 번은 아주 짧은 문장들뿐입니다(참조: 루카 1,34.38; 2,48; 요한 2,3.5).

이 본문은 수없이 많은 음악 작품의 기반이 되었으며, '성모 찬송'의 정신을 규정하기 위해, 학자들은 'anawîm[아나윔]의 영성을 강조합니다. 'anawîm은 구약 성경에서 단수 형태로 1회, 복수 형태로 21회 등장하며, '가난한 이, 겸손한 이'를 뜻합니다. 이 히브리어 용어는 문자 그대로 직역하면 '구부정한 사람'이라는 뜻입니다. 이는 권력자의 압제나 가난의 무게 아래 굽은 모습일 뿐 아니라, 무엇보다도 하느님 앞에서의 겸허한 예배의 자세, 곧 교만과 자만, 자기 충족의 유혹을 이기고 하느님께 자신을 낮추는 태도를 뜻합니다.

사회적으로는 가난하지만, 의로운 신앙인인 그들은 주님의 사랑을 받는 사람들이며, 그들 중 하나인 마리아는 '여종의 겸손'을 고백하고 일곱 개의 동사를 사용해 꼴찌, 곧 부자들이 아닌 'anawîm을 총애하시는 하느님의 역설적 선택을 찬미합니다. "그분께서는 당신 팔로 권능을 **떨치시어** 마음속 생각이 교만한 자들을 **흩으셨습니다**. 통치자들을 왕좌에서 **끌어내리시고** 비천한 이들을 **들어 높이셨으며** 굶주린 이들을 좋은 것으로 **배불리시고** 부유한 자들을 빈손으로 **내치셨습니다**. 당신의 자비를 기억하시어 당신 종 이스라엘을 **거두어 주셨으니** …."(루카 1,51-54).

이처럼 'anawîm은 힘이나 권력, 부에 의지하지 않고, 자만과 현실에 거리를 두면서, 덕을 행하여 하느님을 신뢰하는 진정한 신앙인의 표징이 됩니다. 그들은 예수님의 '참행복 선언'에 등장하는 "마음이 가난한 사람들"(마태 5,3)입니다. 같은 동사 어근을 둔 단어 'anî[아니]는 75회 등장하며, 동일한 의미를 지닙니다. 그러나 성경의 히브리어에는 사회적 불행과 불의의 희생자들을 표현하는 다양한 어휘들이 존재함을 잊어서는 안 됩니다. 예언자들은 그들을 보호하기 위해 강력하고 뚜렷하게 목소리를 냅니다. 이에 대해서는 아모스 예언서(기원전 8세기)를 참고하시기 바랍니다.

모세는 그야말로 영성적 가난을 산 사람이었습니다. "모세라는 사람은 매우 겸손하였다'anaw. 땅 위에 사는 어떤 사람보다도 겸손하였다."(민수 12,3). 시편의 시인들은 주님을 가난한 이들을 보호하시고, 변호해 주시는 분으로 자주 제시합니다. "가련한 이들'anawîm이 올바른 길을 걷게 하시고 가련한 이들'anawîm에게 당신 길을 가르치신다. … 세상의 가난한 이들'anawîm을 모두 구하시려 하느님께서 심판하러 일어나실 때."(시편 25,9; 76,10).

이를 종합하자면, 'anawîm은 의인과 충실한 이들의 동의어이며, 하느님의 참된 백성을 구성하는 이들입니다. 그들은 예언자들이 한결같이 칭송하는 신앙심 깊은 '남은 자들'이며, 역사의 소용돌이 한가운데에서도 믿음의 깃발을 높게 쳐든 사람들입니다. 그들은 인간사가 이루어지는 땅에 뿌려진 구원의 건강한 씨앗입니다. 바오로 사도는 그리스도의 모습에 그들이 육화되어 있음을 보았습니다. "그분께서는 부유하시면서도 여러분을 위하여 가난하게 되시어, 여러분이 그 가난으로 부유하게 되도록 하셨습니다."(2코린 8,9).

PANÎM 파님
얼굴, 안면

פָּנִים

m î n pa

"주 하느님께서는 모든 사람의 얼굴에서 눈물을 닦아 내시고 …."(이사 25,8). 요한 묵시록 21장 4절에서 천상 예루살렘의 상징으로 적용된 이사야 예언자의 이 강렬한 예고는 매우 중요한 상징적 의미를 지니는 신체의 한 부분을 소개합니다. 구약 성경에 명사 panîm[파님], '얼굴, 안면'은 2,127회 등장하며, 부사 형태인 lipnê는 1,031회 등장합니다. 부사 형태로 사용될 때는 흔히, '~ 앞에서'로 번역하지만, 직역하자면 '~ 얼굴 앞에서'라는 의미입니다. 참으로 사랑하는 사람들은 말을 하지 않아도 침묵 중에 서로의 눈을 바라보는 것처럼, 일체의 만남은 얼굴의 대화입니다.

또 하나 주목할 만한 해석이 있습니다. panîm은 복수형인데, 이는 얼굴이 단순히 피부와 장기, 살, 두개골의 형상이 아니라, 진정한 친교를 표현하는 표지임을 드러낸다는 것입니다. 그렇기 때문에 성경에서 얼굴은 자주 어떤 사람의 내면 그 자체를 가리키는 표현으로 쓰입니다. 예를 들면 아우 아벨을 시기한 카인이 "몹시 화를 내며 얼굴을 떨어뜨렸다."(창세 4,5)라는 표현이나, 아들을 낳게 해 달라는 청을 주님께서 들어주실 것이니 안심하고 돌아가라고 한 엘리 사제의 말을 들은 한나(훗날 사무엘 예언자의 어머니)의 "얼굴이 더 이상 전과 같이 어둡지 않았다."(1사무 1,18)라고 한 긍정적인 표현에서도 그 내면성이 드러납니다.

그러나 우리의 관심은 신비스럽고 영광스러운 얼굴, 곧 하느님의 얼굴에 집중됩니다. 얼굴은 곧 인격 자체이기에, 하느님의 '얼굴을 뵙는 것'은 인간에게 금지되어 있고, 불가능한 것이라는 설명을 이해하기는 어렵지 않습니다. 그런 경험을 하게 된다면 살아남을 수 없다고 보는 것이 맞겠지요. 예언 소명을 받은 이사야 예언자의 반응은 의미심장합니다. "큰일 났구나. 나는 이제 망했다. 나는 입술이 더러운 사람이다. 입술이 더러운 백성 가운데 살면서 임금이신 만군의 주님을 내 눈으로 뵙다니!"(이사 6,5). 친구와 이야기하듯 하느님께서 "입과 입을 마주하여 그와 말하고"(민수 12,8)라고 한 모세 역시, 하느님의 얼굴을 마주하는 영광을 가림 없이 충만히 누리고자 하는 염원에 대해 하느님께 다음과 같은 대답을 듣습니다. "그러나 내 얼굴을 보지는 못한다. 나를 본 사람은 아무도 살

수 없다. … 내 등을 볼 수 있을 것이다. 그러나 내 얼굴은 보이지 않을 것이다."(탈출 33,20.23).

하지만 성경에서는 '신인동형동성론神人同形同性論', 즉 하느님에 대해 말하기 위해 인간적 상징을 말하는 방식으로 하느님의 얼굴을 볼 수 있습니다. 그렇게 우리는 주님께서 사람들을 살피시는 눈, 신탁과 메시지를 선포하시는 입, 들으시는 귀, 그리고 심지어 분노로 숨을 몰아쉬시는 코까지도 알 수 있습니다. 기도 중에 성전에 들어갈 때, 시편에서는 "하느님의 얼굴을 뵐" 가능성을 점진적으로 묘사합니다(참조: 시편 11,7; 17,15; 42,3). 그러기에 민수기 6장 25-26절의 아름다운 '사제계' 축복에 따르면, 당신 백성 위에 빛나는 하느님의 얼굴은 행복과 보호의 표지입니다. "주님께서 그대에게 당신 얼굴을 비추시고 그대에게 은혜를 베푸시리라. 주님께서 그대에게 당신 얼굴을 들어 보이시고 그대에게 평화를 베푸시리라."(민수 6,25-26).

그렇기 때문에 죄와 하느님의 심판 때에 주님께서 선언하십니다. "그날에 그들을 거슬러 나의 분노가 타올라서, 나는 그들을 저버리고, 그들에게서 나의 얼굴을 감추어 버릴 것이다. 그러면 그들은 남의 먹이가 되고 많은 재앙과 고난이 그들을 덮칠 것이다."(신명 31,17). 에제키엘 예언자는 이렇게 외칩니다. "이스라엘 집안이 … 나를 배신하였기 때문에 … 나는 그들에게서 내 얼굴을 감추고 그들을 적들의 손에 넘겨, 모두 칼에 맞아 쓰러지게 하였다." (에제 39,23). 하지만 이와 달리 신앙인들은 주님의 미소를 묵상하기 위해 주님의 얼굴을 찾는 사람들입니다. "이들이 그분을 찾는 이들의 세대, 그분 얼굴을 찾는 이들의 세대 야곱이라네. "너희는 내 얼굴을 찾아라." 하신 당신을 제가 생각합니다. 주님, 제가 당신 얼굴을 찾고 있습니다."(시편 24,6; 27,8).

PESAḤ 페사흐
파스카

פֶּסַח

ḥ sa pe

‘파스카pasqua’의 어원은 ‘넘어가다’ 또는 ‘타격을 주다’ 등으로 다양하게 해석할 수 있는 히브리어 pesaḥ[페사흐]입니다. 성경에 등장하는 이야기에 의하면, 히브리 백성이 파라오의 억압에서 해방되던 밤, 주님께서는 이집트인들의 집은 치셨지만, 히브리인들의 집은 심판에서 보호하시고 멸망시키지 않으시며 ‘거르고 지나가신’ 의미를 담고 있음이 분명합니다.

이 같은 내용은 가톨릭 전례에서 파스카 성야에도 낭독되는 탈출기 12장 본문에서 찾을 수 있습니다. 그중 pesaḥ가 나오는 중요한 성경 본문은 다음과 같습니다. “너희는 가서 저마다 제 집안을 위하여 작은 짐승을 한 마리씩 끌어다 파스카pesaḥ 제물로 잡아라.”(21절).

"너희 자녀들이 너희에게 '이 예식은 무엇을 뜻합니까?' 하고 물으면, 이렇게 대답하여라. '그것은 주님을 위한 파스카pesaḥ 제사이다. 그분께서는 이집트인들을 치실 때, 이스라엘 자손들의 집을 거르고 지나가시어pesaḥ, 우리 집들을 구해 주셨다.'"(26-27절).

사제들의 책인 레위기에는 다음과 같은 내용이 있습니다. "첫째 달 열나흗날 저녁 어스름에 주님의 파스카pesaḥ를 지켜야 한다."(레위 23,5). 약속의 땅을 향해 나아가는 새 탈출인 바빌론 유배에서의 귀환 직후, 에즈라기는 이렇게 말합니다. "돌아온 유배자들은 첫째 달 열나흗날에 파스카pesaḥ 축제를 지냈다."(에즈 6,19). 여기서 말하는 '첫째 달'은 '니산 달'이라고 불리는데, 우리의 3-4월에 해당하며 새해가 시작되는 달이었습니다. 바빌론의 달력에도 등장하는 니산 달은 한 해가 시작되는 봄을 가리킵니다.

탈출기 12장에 묘사된 히브리인들의 파스카 고대 의식에는 유목민 세계에서 계절에 따라 가축을 이동시키면서 지냈던 봄 축제의 줄거리가 반영되어 있습니다. 어린양을 머리와 다리, 내장이 있는 채로 뼈를 다치지 않게 불에 굽는 의식은 희생 제물을 받으시는 하느님께서 미래에 양 떼의 일부를 돌려주시기를 기원하는 의미였습니다. 피를 천막에 뿌린 것은 악한 영들에 맞서는 구마와 보호의 행위였고, 여행용 지팡이는 새로운 목초지를 찾아 이동하는 의미였으며, 누룩을 넣지 않고 밀가루를 반죽하여 불에 구운 빵은 여행을 하는 동안 빵을 돌판 위에 구워야 했던 필요성을 반영한 것입니다.

그러나 성경은 이 계절적 · 자연적 절기를, 억압으로부터의 해방과 자신의 땅에서의 존엄과 자유로 나아가는 역사적 사건으로 전환시킵니다. 이러한 특성 때문에, 단순히 계절의 주기에 따라 반복되는 예식이 아니라, 역사 속의 영광과 비참의 순간들을 따라 이어지는 점진적 역사적 흐름과 연결됩니다. 파스카 축제에 관해 유다인들은 "모든 세대는 자신이 마치 이집트 탈출 사건에 참여한 것처럼 생각해야 한다."(Pesaḥim 10,5)라고 규정합니다.

이러한 전통은 오늘날에도 세데르seder 예식, 즉 유다인들의 파스카 만찬을 규정하는 예식에서 이어지고 있습니다. 이 예식은 성문화된 절차대로 이루어지는데, 그중에서도 포도주 잔의 축복과 누룩을 넣지 않은 빵을 언급할 필요가 있습니다. 이러한 사고는 예수님의 최후의 만찬으로 이어집니다. 예수님께서는 히브리인들의 파스카와 연결된 이 만찬에 새로운 성체성사적 의미를 부여하시고, 또한 당신의 죽음과 부활과 영광의 최종 '탈출'과 연결하십니다. 유명한 유다인 저술가 네헤르A. Neher는 "그리스도교 영성과 유다 영성의 뿌리는 둘 다 파스카에 있다."라고 말했습니다.

ṢÈDEQ 체데크
정의, 구원, 충실

צֶדֶק

q de ṣe

이 단어를 설명하기 위해서는 먼저 하나의 전제가 필요합니다. 셈족 언어의 모든 단어는 세 개의 자음으로 구성된 어근을 식별하는 것이 매우 중요합니다. 이 어근을 중심으로 다양한 어휘가 만들어지기 때문입니다. ṣèdeq의 경우가 바로 그러합니다. 세 개의 자음 ṣ-d-q에서 동사 ṣadàq[차다크], '의롭다'와 명사 ṣèdeq[체데크], '의로움', ṣedaqàh[츠다카], '정의', 그리고 형용사 ṣaddîq[차디크], '의로운'이 파생됩니다. 이 어근에서 이처럼 많은 어휘군이 만들어집니다. 이렇게 생성된 단어들은 구약 성경에 523개나 등장하며, 오늘 우리 문명에서도 근본 개념인 정의와도 이어집니다.

이 단어의 가치를 말하기 위해서는 이것이 성경의 세계에서 참으로 다양한 색깔을 지니고 있다는 것, 다시 말해 여러 의미로 사용되고 있음을 덧붙여야 합니다. 물론 그 개념은 공정, 권리, 도덕적인 정직이지만, 구원, 해방, 충만, 평화, 자애로운 충실, 때로는 승리를 의미하기도 합니다. 앞서 설명한 세 개의 자음은 그 안에 법적, 도덕적, 종교적 측면을 포함하고 있으며, 인간뿐 아니라 하느님께도 부여할 수 있는 다양한 가치들을 만들어 냅니다.

인간에게는 사회의 정의를 준수할 의무가 부여되고, 의무의 준수 여부는 법정에서 다루어집니다. 판관들에게는 다음과 같은 과제가 주어집니다. "너희 동족 사이에 문제가 생기면 잘 듣고 의롭게 재판하여라. 동족뿐 아니라 동족과 이방인 사이도 그렇게 하여라."(신명 1,16). 하느님께서 이 지고한 도덕적 가치를 보증해 주십니다. "당신께서 정의를 사랑하시고 불의를 미워하시기에 … 정의와 공정이 당신 어좌의 바탕 자애와 진실이 당신 앞에 서서 갑니다."(시편 45,8; 89,15).

이러한 관점에서 보면, 예언자들이 신앙과 정의, 예배와 올바른 삶 사이의 깊은 연결을 거듭 강조하는 이유를 이해할 수 있습니다. 기원전 8세기 아모스 예언자는 이렇게 강하게 선언합니다. "나는 너희의 축제들을 싫어한다. 배척한다. … 너희가 나에게 번제물과 곡식 제물을 바친다 하여도 받지 않고 … 다만 공정을 물처럼 흐르게 하고 정의를 강물처럼 흐르게 하여라."(아모 5,21-24). 이사야서 1장 1-20절의 강렬한 본문도 꼭 읽어 보시길 권합니다. 이사야 예언자는 "뇌물 때문에 죄인을 죄 없다 하고 죄 없는 이들의 권리를 빼앗는 자들!"(이사 5,23)이라고 지적하는 부패한 판관들에 대해 혹독한 심판을 선언합니다.

"의로움의 길에는 생명이 있지만 … 정의는 사람을 죽음에서 구해 준다."(잠언 12,28; 10,2)라는 사실은 성경의 현인들이 수차례에 걸쳐 올바른 삶의 필요성을 단언했던 이유였습니다. 메시아 임금이 인정받는 이유 또한 "힘없는 이들을 정의로 재판하고 이 땅의 가련한 이들을 정당하게 심판하리라. … 정의가 그의 허리를 두르는 띠가 되고 신의가 그의 몸을 두르는 띠가 되리라."(이사 11,4-5)라는 사실 때문입니다. 예레미야 예언자에 따르면, 그의 참된 이름은 "주님은 우리의 정의"(예레 23,6)가 될 것입니다.

그러나 우리가 앞서 보았던 것처럼, 정의는 하느님 고유의 특질입니다. 지금까지 묘사된 도덕적, 사회적 의미에서만이 아니라, 하느님의 정의는 억압받는 이들의 해방과 가난한 이들의 지원에서 드러나는 구원이기도 합니다. 그렇기 때문에 기도하는 이는 자주 "주님, 당신 정의로 저희를 구하소서!"라고 부르짖는 것입니다. 또한 아브라함과 같은 신앙인은 "주님을 믿으니, 주님께서 그 믿음을 의로움으로 인정해 주셨다."(창세 15,6)라고 증언합니다.

이사야 예언자의 아름다운 기도로 마무리하고자 합니다. 그의 기도는 '대림 찬가'(Rorate caeli, "하늘아, 이슬을 내려라.")가 되었습니다.

"하늘아, 위에서 이슬을 내려라. 구름아, 의로움을 뿌려라. 땅은 열려 구원이 피어나게, 의로움도 함께 싹트게 하여라."(이사 45,8). 하늘과 땅, 하느님과 인간은 정의-구원에서 만납니다.

קָהָל

l ha qa

예루살렘 성전에서는 이스라엘의 여러 지파 구성원들이 서로 만나 신앙인 공동체를 형성하고 집회를 가졌습니다. 바로 그 집회를 묘사하는 히브리어 명사 qahal[카할]은 '집회, 모임'을 의미하며, 동사는 '소집하다'라는 의미를 가집니다. 구약 성경에 173회 사용되는 이 어휘는, 전설적인 번역자들의 숫자로 '칠십인역'이라 불리는 그리스어 성경에서 더 큰 시사점을 찾을 수 있습니다.

그리스어를 모르는 사람이라도 ecclêsía[엑끌레시아], '교회'를 통해 qahal의 의미를 어느 정도 이해할 수 있을 것입니다. 그러므로 qahal-ecclêsía는 특히 전례를 거행함에 있어 신앙을 고백하고 형제적 사랑을 나누며 일치하는 하느님의 백성을 의미합니다. 이는 하느님께서 만남과 기도 속 대화를 위해 불러 모으신 신앙 공동체입니다. 고대 이스라엘에서 집회는 하느님 현존의 표지인 계약 궤 주위에서 갖는 모임이었습니다.

계약 궤는 아카시아 나무로 만든 궤에 순금을 입힌 것이었습니다. 뚜껑 위에는 순금으로 만든 속죄판이 있었으며, 속죄판 끝에는 금으로 만든 커룹 둘을 두었습니다. 이 계약 궤는 당신 백성을 만나기 위해 하늘에서 내려오시는 '주님의 발판'으로 여겨졌습니다. 계약 궤는 탈출기에 두 번(25,10-22; 37,1-9) 등장하며, 계약 궤를 만든 제작자 브찰엘의 이름도 기록되어 있습니다. 또한 계약 궤를 들고 행렬을 할 때의 사용법도 성경에 등장합니다. 계약 궤는 내부에 모세의 두 돌판을 두어 보호했습니다. 또한 히브리인들에게 보낸 서간 9장 4절에 따르면, 만나가 든 금 항아리와 일종의 전례용 홀笏인 아론의 싹이 돋은 지휘봉도 들어 있었다고 합니다.

qahal은 히브리 공동체, 특히 시나이 광야에서 생활하던 때의 공동체를 정의하는 대명사가 되었습니다. 예컨대 이스라엘 백성이 굶주림을 한탄할 때, 다음과 같은 말로 모세와 아론을 비난합니다. "당신들은 이 무리qahal를 모조리 굶겨 죽이려고, 우리를 이 광야로 끌고 왔소?"(탈출 16,3). 백성 가운데 코라, 다탄, 아비람 세 사람은 모세와 아론을 거슬러 음모를 꾀했고, 강성 지지자들이 그들의 반역을 따랐습니다. 그들의 비난은 명백했습니다. "당신들은 너무하오. 온 공동체가 다 거룩하고, 주님께서 그들 가운데에 계시는데, 어찌하여 당신들은 주님의 회중qahal 위에 군림하려 하오?"(민수 16,3).

약속의 땅을 목전에 둔 모세가 자신의 사명이 완수되었음을 알고 주님께서 지시하신 대로 "이스라엘의 온 회중qahal에게 이 노래를 끝까지 똑똑하게 들려주었"(신명 31,30)을 때에도, 여러 세기가 지난 후, 이스라엘이 바빌론 유배에서 고국으로 돌아와 에즈라 사제가 새 공동체를 세울 때 "이스라엘 사람들 가운데에서 남자 여자 어린아이 할 것 없이 매우 큰 무리qahal가 에즈라에게 몰려들었다."(에즈 10,1)라는 기록에서도 이스라엘 공동체를 표기할 때 qahal이 사용되었습니다.

부록으로 한 가지 더 언급하자면, 메시지의 독창성이 뛰어난 성경의 지혜 문학 중 우리에게 익숙한 히브리어 제목이 있습니다. 한때는 앞서 설명한 그리스어 번역본에 근거해 '전도서Ecclesiaste'라 불리기도 했던 '코헬렛Qohelet'입니다. 그렇습니다. 저자의 이름인 '코헬렛'은 '집회qahal의 장長'이라는 의미의 가명이며, 여기서 사용된 qahal은 그의 말을 듣는 제자들을 가리킵니다.

QODESH 코데쉬
거룩함, 신성함

קֹדֶשׁ

sh de qo

성경의 히브리어에는 두 개의 형제 용어가 있습니다. 구약 성경에 469회 등장하는 명사 qodesh[코데쉬], '거룩함, 신성함'과 116회 등장하는 형용사 qadôsh[카도쉬], '거룩한, 성스러운'이 그것입니다. 일반적으로 '거룩한santo'과 '성스러운sacro'을 동의어로 여기는 데 익숙하지만, 비록 부정할 수 없는 연관성이 있더라도, 두 형용사는 온전히 일치하지는 않습니다. 그렇다면, 그 경계를 구분해 봅시다.

형용사 '성스러운sacro'은 하느님께 대한 봉사를 위해 나머지 부분으로부터 구별하여 따로 떼어 놓은 객관적 실재를 가리킵니다. 따라서 '성스러운' 것은 성전을 건축하기 위해 규정된 공간, 성전과 전례를 집전하는 사제, 기물과 비품, 전례용 음식, 그리고 세속적 사용에서 분리되어 전례 거행을 위해 정해진 희생 제사에 바쳐질 동물들을 가리킵니다. 레위기에서는 qodesh/qadôsh의 기준이 되는 본문을 찾을 수 있습니다. "(사제들은) 자기들의 하느님에게 거룩한 사람이 되어야 하고, 자기들의 하느님 이름을 더럽혀서는 안 된다. 그들은 주님에게 화제물을, 자기들의 하느님에게 양식을 바치는 사람들이다. 그들은 거룩해야 한다. … 사제는 너희에게 거룩한 사람이다. 너희를 거룩하게 하는 나 주님이 거룩하기(성스럽기) 때문이다."(레위 21,6.8).

그러므로 성스러운 것은 전례적으로 성별된 것이며, 앞서 말한 바와 같이 신성함qodesh은 규칙을 통해 확정되고, 하느님 자신과 축복하시고 성별하시는 하느님의 효과적 개입으로 봉인된 '객관적 실재realtà oggettiva'입니다. 이러한 연유로 이스라엘은 시나이산 앞에서 "사제들의 나라가 되고 거룩한 민족이 될 것"(탈출 19,6)이라고 하느님께 성별되었으며, 이러한 개념의 정의는 베드로의 첫째 서간에서 교회에 적용될 것입니다(1베드 2,9 참조). 이제 좁은 의미의 '거룩함santità'의 윤곽을 확인해 보겠습니다.

'신성함'에 참여하는 '거룩한 사람/성인'은 올바른 삶으로 믿음과 사랑 안에서 하느님께 충실한 사람입니다. 그러므로 '거룩함'은 개인 안에서 피어나는 것, 곧 그의 자유와 의지와 행위 속에서 솟아나는 주관적 개념입니다. 예언자들은 사람들이 전례의 객관적

'신성함'과 신앙인의 주관적, 개인적 참여의 '거룩함'을 분리시키려는 모든 경향에 맞서 끊임없이 투쟁했습니다. 그래서 예언자들은, 삶의 거룩함 안에서의 실존적 · 사회적 책임을 강조하기 위해 성스러운 예배를 과소평가하는 것처럼 보이기도 합니다(참조: 이사 1,10-20 또는 아모 5,21-24).

그러나 사실상 그들의 외침은 제사적, 의식적, 전례적 신성함과 정의와 사랑과 진리 안에서 드러나는 삶의 거룩함을 일치시키라는 절절한 호소입니다. 여기에 비추어 볼 때, 이사야 예언자가 소명을 받던 날 본 환시의 사랍들이 반복하여 외쳤듯이, 하느님은 "거룩하시다, 거룩하시다, 거룩하시다."(이사 6,3)라고 불립니다. 왜냐하면 그분은 인간 피조물의 한계와 비참함을 넘어서는 초월적 존재로서 '성스러운' 분일 뿐 아니라, 또한 의로우시고, 참되시며, 죄악을 못 본 체하지 않으시는 도덕적 하느님이시기 때문입니다.

하느님께 있어 신성함과 거룩함은 일치하는 개념입니다. 이는 할례(그리스도인들에게는 세례)를 통해 하느님께 봉헌되었지만, '마음의 할례', 곧 양심을 통해 도덕적 삶으로 거룩한 사람이 되어야 하는 신앙인들에게도 마찬가지로 적용되어야 합니다(참조: 신명 10,16; 예레 4,4).

רַב

b ra

"너희는 스승rabbì이라고 불리지 않도록 하여라. 너희의 스승님은 한 분뿐이시고 너희는 모두 형제다."(마태 23,8). "예수님을 팔아넘길 유다가 "스승님rabbì, 저는 아니겠지요?" 하고 묻자, 예수님께서 그에게 "네가 그렇게 말하였다." 하고 대답하셨다. 그는 곧바로 예수님께 다가가, "스승님rabbì, 안녕하십니까?" 하고 나서 그분께 입을 맞추었다."(마태 26,25.49).

복음서에는 rabbì[랍비]라는 칭호로 예수님을 부르는 장면이 총 15회 등장합니다. 그 가운데 세 장면을 위에서 인용했습니다. 15회 중 2회는 변형된 아람어 rabbunì[랍부니]로 등장합니다. 한 번은 예리코의 소경 바르티매오가 사용했고(마르 10,51 참조), 다른 한 번은 파스카 당일 아침 부활하신 예수님과 만난 마리아 막달레나가 사용했습니다(요한 20,16 참조).

그렇지만 이 칭호는 슬기로운 스승을 존경하는 마음을 담아 부르던 '저의 스승님'이라는 의미의 칭호였으며, 오늘날에도 여전히 사용되는 '랍비노rabbino' 칭호의 기원이기도 합니다. 이 용어의 바탕에는 구약 성경에 474회 울려 퍼지는 형용사 rab([랍] 또는 [라브])이 있습니다. 일반적으로 '큰, 충만한, 많은'을 의미하는 이 형용사는, 자주 영성적 가치를 지니기도 합니다. 그럴 때 rab은 하느님께서 당신 자신에 대해 제공하시는 정의일 수 있습니다. "주님은, 주님은 자비하고 너그러운 하느님이다. 분노에 더디고 자애와 진실이 충만하며rab …."(탈출 34,6).

rab은 신앙인이 부르는 노래이기도 합니다. "주님, 당신의 업적들이 얼마나 많습니까rab! 그 모든 것을 당신 슬기로 이루시어 세상이 당신의 조물들로 가득합니다."(시편 104,24). 하느님께서는 이사야 예언자의 놀라운 표현에서 판관이시자 구원자의 칭호로 무대에 등장하십니다. 사실 그분은 "포도 확을 밟는 사람의 옷처럼 붉은 의복을 입고"(이사 63,2 참조) 오십니다. 포도 수확은 하느님 심판의 상징이기 때문입니다. 그러고 나서 그분은 이렇게 선언하십니다. "나다. 의로움으로 말하는 이, 구원의 큰rab 능력을 지닌 이다."(이사 63,1).

그러나 이 영예로운 형용사는 인간에게도 쓸 수 있습니다. 열왕기 상권에 등장하는 솔로몬의 묘사가 바로 그 예시입니다. "솔로몬의 지혜는 동방 모든 이의 지혜와 이집트의 모든 지혜보다 뛰어났다rab."(1열왕 5,10). 인내와 관대함을 지닌 모든 사람에게서도 이러한 가치를 볼 수 있습니다. "분노에 더딘 이는 매우rab 슬기로운 사람이지만"(잠언 14,29)이라고 한 잠언의 내용으로 알 수 있듯이, 지혜와 정의와 선은 관대한 마음과 밀접한 연관이 있습니다.

그러므로 이 어휘가 가리키는 것은 내적 고결함입니다. 그리스도께서는 당신이 rabbì라 불리는 것을 허용하시지만, 이 호칭이 단순히 영예로운 칭호, 다시 말해 한 사람의 인격적, 영성적 가치에 상응하지 않을 수도 있는 일종의 기사 작위와 같이 축소되는 것을 좋아하지 않으십니다. 이와 달리 '랍비노rabbino'라는 호칭은 현재 유다 공동체에서 수행되는 직무를 가리키며, 이를 우리의 사제와 동일시해서는 안 됩니다.

그러나 그리스도교에서 하느님의 성직자에게도 마땅히 그러하듯이, '랍비노'의 기능은 심원한 종교적 헌신으로 활성화되어야 합니다. 사실 랍비노는 자신을 선택한 공동체에 성경과 전통의 영성적 가치를 전달할 임무를 지니고 있으며, 공동체 구성원이 전례와 도덕 규정들을 준수하도록 주의 깊게 살펴야 하고, 신앙인들의 삶에 슬기롭고 자애로운 인도자가 되어야 합니다.

RÛAḤ 루아흐
영, 숨, 바람

רוּחַ

aḥ û r

성경의 두 장면을 떠올려 봅시다. 먼저 신약 성경에 나오는 오순절 사건 장면입니다. "갑자기 하늘에서 거센 바람이 부는 듯한 소리가 나더니, 그들이 앉아 있는 온 집 안을 가득 채웠다. 그러자 그들은 모두 성령으로 가득 차 …."(사도 2,2.4). 둘째 장면은 '바로크' 문체를 따른 에제키엘 예언자의 초현실적 묘사입니다. "주님의 손이 나에게 내리셨다. … 그 넓은 계곡 바닥에는 뼈가 대단히 많았는데, 그것들은 바싹 말라 있었다. … 그분께서 또 나에게 말씀하셨다. "이 뼈들에게 예언하여라. … 주 하느님이 뼈들에게 이렇게 말한다. 나 이제 너희에게 숨을 불어넣어 너희가 살아나게 하겠다." … '주 하느님이 이렇게 말한다. 너 숨아, 사방에서 와 이 학살된 이들 위로 불어서, 그들이 살아나게 하여라.'"(에제 37,1-14 참조).

두 장면 모두에서 하느님의 영과 바람의 상징이 밀접하고 중요하게 연결되어 있습니다. 이 연결은 이중적 의미를 갖는 어휘, 곧 히브리어로 rûaḥ(그리스어 pnéuma)를 통해 표현됩니다. 이 어휘들은 '영'은 물론, 숨, 바람, 숨결을 의미합니다. 히브리어 여성 명사 rûaḥ는 구약 성경에 378회 사용됩니다. 어떤 학자가 관찰한 바에 따르면, 이는 "쉬쉬 소리를 내며 지나가는 바람 소리와, 힘들게 숨 쉬는 소리를 흉내 낸 것"이라고 합니다.

바람의 이미지를 연상시키는 몇 가지 사례를 찾아보겠습니다. 에덴동산에서 아담과 하와는 "주 하느님께서 저녁 산들바람rûaḥ 속에 동산을 거니시는 소리를 들었다."(창세 3,8). 홍수의 물을 밀어내시고, 땅을 마르게 하시기 위해 "하느님께서 땅 위에 바람rûaḥ을 일으키시니 물이 내려갔다."(창세 8,1). 그러나 앞서 언급한 바와 같이, 그것은 모든 피조물의 생명의 숨이기도 합니다. 모세와 아론은 주님께 이렇게 탄원했습니다. "하느님, 모든 육체에 영rûaḥ을 주시는 하느님"(민수 16,22). 또한 욥은 "기억해 주십시오, 제 목숨이 한낱 입김rûaḥ일 뿐임을."(욥 7,7)이라고 말합니다. 성경의 또 다른 현자인 코헬렛은 죽음을 이렇게 묘사합니다. "먼지는 전에 있던 흙으로 되돌아가고 목숨rûaḥ은 그것을 주신 하느님께로 되돌아간다."(코헬 12,7).

그러나 rûaḥ에는 창조의 영인 '하느님의 숨'이라는 의미도 있습니다. 꼴을 갖추지 못하고 비어 있었으며, 어둠과 심연과 혼돈의 상징으로 표현된 무無 위에서, "하느님의 영rûaḥ이 그 물 위를 감돌고"(창세 1,2) 있었습니다. 실제로 시편 저자는 "주님의 말씀으로 하늘이, 그분의 입김rûaḥ으로 그 모든 군대가 만들어졌네."(시편 33,6)라고 확신했기에, "당신의 숨rûaḥ을 내보내시면 그들은 창조되고 … 당신께서 그들의 숨rûaḥ을 거두시면 그들은 죽어 먼지로 돌아갑니다."(시편 104,29-30)라고 선언합니다.

예수님께서 제자들에게 말씀하시며 인용하신 이사야서의 한 본문에서 읽을 수 있듯이, 하느님의 영은 그 자체로 예언적 소명을 떠받치는 영혼입니다. "주님께서 나에게 기름을 부어 주시니 주 하느님의 영rûaḥ이 내 위에 내리셨다. 주님께서 나를 보내시어 가난한 이들에게 기쁜 소식을 … 선포하게 하셨다."(참조: 이사 61,1; 루카 4,18-19). 그래서 예언자들은 하느님께서 신체적 숨과 더불어 그들의 사명과 말의 원천인 영의 선물을 자신들 안에 넣어 주셨다고 느낍니다. 비록 그 형태는 다르지만, 신앙인 역시 자신의 존재 안에 하느님의 영이 그분의 사랑과 함께 머물고 있음을 압니다. 바로 이런 이유 때문에 '자비를 구하는 기도Miserere'의 화자는 주님께 다음과 같이 탄원합니다. "당신의 거룩한 영을 제게서 거두지 마소서."(시편 51,13). 이렇게 그리스도교 삼위일체의 관점에서 성령의 지평이 점진적으로 열립니다.

רַחֲמִים

m î m ḥa ra

구약 성경에 39회 나오는 복수형 명사 raḥamîm[라하밈]은 본디 신체 기관을 의미하지만, 도덕적, 영성적 표지가 되기도 합니다. 단수형 reḥem[레헴]은 30회 등장하고, 어원이 되는 동사는 '내장을 갖다'라는 은유적 의미를 지니고 있으며, 47회 나옵니다. 그러나 이러한 수치보다는 이 용어의 가치가 더 중요합니다.

사실 raḥamîm은 거의 대부분 출산 기관인 자궁을 의미하며, 무엇보다도 주님의 부드러운 자비를 찬양하기 위한 정서적 의미를 지니고 있습니다. 그러므로 성경에 의하면 자비는 하느님의 고유한 특질입니다. 코란의 114장(스라) 전체는 분할의 결과로 보이는 9장을 제외하고 모두 raḥamîm과 동일한 언어적 바탕 위에 형성된 두 개의 아랍어 형용사로 시작합니다. "자비롭고 자애로우신 하느님의 이름으로bismillah al-raḥmam al-raḥim."

종종 사람들은 '자비'라는 감정을 갖기도 합니다. 아들 요셉이 이집트의 재상이 된 것을 몰랐던 야곱이 "너희가 그 사람 앞에 섰을 때, 전능하신 하느님께서 너희를 가엾이 여기시어raḥamîm, 그 사람이 너희의 다른 형제와 벤야민을 보내 주기를 바란다."(창세 43,14)라고 한 염원이나, 자신을 배신하고 팔아넘긴 형제들을 만난 요셉이 "자기 아우에 대한 애정raḥamîm이 솟구쳐 올라 울음이 나오려고 해서, 서둘러 안방으로 들어가 그곳에서 울었다."(창세 43,30)라고 한 것도 이 의미를 담고 있습니다.

그러나 하느님께서는 부드러운 어머니의 모습과 아버지의 모습을 모두 갖고 계십니다. 앞에서 언급한 바와 같이 이 용어 raḥamîm은 다양한 형태로 부모 모두의 내적 감정을 표현하기 때문입니다. "아버지가 자식들을 가엾이rḥm 여기듯 주님께서는 당신을 경외하는(믿는) 이들을 가엾이rḥm 여기십니다."(시편 103,13). 하느님의 영광을 뵙길 염원하는 모세에게 주님께서 대답하십니다. "나는 나의 모든 선을 네 앞으로 지나가게 하고, 네 앞에서 '야훼'라는 이름을 선포하겠다. 나는 내가 자비를 베풀려는 이에게 자비를 베풀고, 동정을 베풀려는 이에게 동정rḥm을 베푼다."(탈출 33,19).

또한 모세 앞을 지나가시던 하느님께서는 다음과 같이 하느님의 '신분증'같이 정의된 내용의 선언을 하실 것입니다. "주님은, 주님은 자비하고rḥm 너그러운 하느님이다. 분노에 더디고 자애와 진실이 충만하며 ….”(탈출 34,6). 히브리어 문법에 따르면 세 개의 자음 r-ḥ-m은 '자비와 사랑과 부드러움의 마음'을 의미하는 명사와 동사의 기초가 됩니다.

마지막으로 중요한 점 하나를 밝히고자 합니다. 코란에서는 raḥamîm이 하느님을 정의하는 본질적인 단어라는 것을 이미 앞에서 살펴보았습니다. 이는 신약 성경에서도 마찬가지입니다. 신약 성경에서는 이 용어를 그리스어 동사 splanchnízesthai[스플랑크니제스타이]로 옮겼습니다. 이 그리스어 단어는 12회 등장하며, '자비로운 부드러움의 태胎를 갖다.'라는 의미입니다. 예를 들어 이 동사는 착한 사마리아인의 비유와 되찾은 아들의 비유에서 "가엾은 마음"(루카 10,33; 15,20)으로 사용되었습니다. 예수님께서는 나인이라는 고을에서 외아들을 잃고 장례를 치르는 과부를 만나셨을 때(루카 7,13 참조), 또는 굶주린 군중(마르 6,34 참조)이나 나병 환자(마르 1,41 참조)를 마주하셨을 때 이 자비롭고 부드러우며 측은한 마음을 가지셨습니다. 베네딕토 성인은 『규칙서』에서 "하느님의 자비에 대해 절대로 희망을 잃어서는 안 된다."(IV, 74)라고 권고했습니다.

SATÀN 사탄
사탄, 적대자

שָׂטָן

n ta sa

구약 성경에 사용된 중요 단어들의 사전에서 '사탄'은 빼놓을 수 없는 단어입니다. 히브리어로 '적대자'를 뜻하는 어휘를 음역한 사탄은 구약 성경에 27회 등장합니다. 이는 신약 성경에 36회 등장한 것과 비교하면 적은 숫자입니다. 신약 성경에는 그리스어 diàbolos[디아볼로스], '분열자'도 37회 등장합니다. 엄밀하게 말하자면, 이 용어가 항상 마귀나 악마를 가리키는 부정적인 의미로만 사용됐던 것은 아닙니다. 사실, '적대적'이라는 의미는 놀랍게도 긍정적 의미로도 적용될 수 있기 때문입니다.

욥기의 머리말에 14회나 등장하는 Satàn[사탄]의 경우가 그렇습니다. 거기에서 사탄은 천상 법정의 구성원으로 소개됩니다. 그의 직무는 하느님 대전에서 사람들의 죄악을 고발하는 과제를 가진,

일종의 검찰관과 같다고 규정할 수 있습니다. 사실 사탄은 하느님께로부터 욥이 지닌 믿음의 진정성을 철저히 검사하라는 사명을 부여받았습니다. 그는 가장 흠 없는 사람인 욥이 "까닭 없이 하느님을 경외하는지"(욥 1,9 참조) 의문을 던집니다.

또한 주님께서는 욥이 지닌 믿음의 진실을 확인하기 위해 그에게 모든 권한을 주셨습니다. "좋다, 그의 모든 소유를 네 손에 넘긴다. 다만 그에게는 손을 대지 마라."(욥 1,12). 이렇게 해서 의인 욥의 드라마틱한 모험이 시작되었습니다. 신비롭게 활동하시는 주님께 욥은 맹목적이진 않았지만, 언제나처럼 충실함을 드러낼 것입니다. 그러나 이런 몇몇 사례를 제외하고서는 사탄은 사람을 선으로 이끄시고 지원해 주시는 하느님의 은총에 반대하며, 인간이 지닌 자유의 천칭을 악으로 기울어지게 하려는 어두운 존재로 그 모습을 드러냅니다.

사탄은 다윗으로 하여금 교만한 정치적 행동을 하도록 부추깁니다. "사탄이 이스라엘을 거슬러 일어나, 이스라엘의 인구를 조사하도록 다윗을 부추겼다."(1역대 21,1). 원수를 저주하는 시편의 본문에서 시인은 하느님께 이렇게 간청합니다. "그를 거슬러 악인을 세우소서. 고발자Satàn가 그의 오른쪽에 서게 하소서."(시편 109,6). 죄인의 오른쪽은 고발인을 위한 자리였습니다. 그렇게 해서 "그가 재판받으면 죄인으로 나오고 그의 기도는 죄가 되며 …."(시편 109,7 이하). 이러한 문맥에서 재판의 분위기는 Satàn이라는 용어의 근거가 바탕에 깔려 있음을 명백하게 드러냅니다.

그리스어로 편찬된 솔로몬의 지혜서는 사탄을 창세기의 유혹자인 뱀과 동일시하여, 유다교 전통과 그리스도교 전통의 주류를 이룰 해석의 시발점이 됩니다. "악마의 시기로 세상에 죽음이 들어와 죽음에 속한 자들은 그것을 맛보게 된다."(지혜 2,24). 이 그리스어 본문에 사용된 용어는 당연히 diàbolos입니다. 훗날 사탄에 대한 대중적 개념은 우리가 이미 알고 있듯이 과도할 정도로 표현의 범위가 확대되었습니다. 그리하여 교회의 교도권과 신학, 전례는 항상 수위를 차지하고 계신 하느님과 반대되는 악마의 존재와 행위를 더욱 세분화했습니다.

논의를 조금 가볍게 해 주면서도 효과적일 수 있도록 두 프랑스인 불가지론자의 목소리를 인용해 마무리하겠습니다. 샤를 보들레르(Charles Baudelaire, 1821-1867년)는 "사탄의 가장 큰 간교는 우리로 하여금 (사탄이) 존재하지 않음을 믿게 하려는 것이다."라고 했습니다. 앙드레 지드(André Gide, 1869-1951년)는 "나는 사탄을 믿지 않지만, 사탄이 바라는 것이 바로 그것, 사탄을 믿지 않는 것이다."라고 주장했습니다.

SHE'OL 셰올
지옥, 저승

שְׁאֹל

l ʾo she

오순절에 베드로가 '이스라엘 남자들' 앞에서 긴 설교를 하는 동안 그리스도의 부활을 선포하기 위해 시편 16편을 인용합니다. "당신께서 제 영혼을 저승inferi에 버려두지 않으시고 당신의 거룩한 이에게 죽음의 나라를 아니 보게 하실 것이기 때문입니다."(사도 2,27; 시편 16,10 참조). 이렇게 해서 히브리어 She'ol[셰올]로 명명된 저승, '지옥'이 등장합니다. 죽은 이들의 나라를 가리키는 She'ol은 구약 성경에 모두 66회 울려 퍼집니다.

셰올을 이해하기 위해서는 먼저 알아 두어야 할 것이 있습니다. 히브리어 성경에서 저승은 물리적이고 역사적인 삶과 상반되는 것으로 여겨졌고, 따라서 지상의 실존하는 빛과 목소리, 움직임, 활력과는 반대되는 부정적인 이미지였습니다. She'ol의 어원은 불확실하지만, 많은 사람들이 이 어휘를 불모의 황폐한 혼돈의 공간을 연상시키는 동사 Sha'ah[샤아]와 연관 짓습니다. 공허, 적막, 침묵 등이 모든 이가 가야 하는 이 지하 세계의 표지입니다.

사실 구약 성경에서는 부활과 불멸에 대한 사상이 비교적 늦은 시기, 그것도 특정한 전통 안에서만 나타나기 시작합니다. 예수님 시대에도 '사두가이'라고 일컬어지는 사제계 귀족들은 죽은 후의 삶을 부정했었습니다(마태 22,23-33 참조). 그러므로 히즈키야 임금이 중병에 걸려 죽음의 순간이 다가왔음을 직감하고, 하느님 앞에서 울며 불안해했던 것을 이해할 수 있습니다. "내 생의 한창때에 나는 떠나야 하는구나. 남은 햇수를 지내러 나는 저승She'ol의 문으로 불려 가는구나. … 산 이들의 땅에서 주님을 뵙지 못하고 이제는 세상 주민들 가운데 한 사람도 보지 못하겠구나."(이사 38,10-11).

욥은 일종의 '칠흑 같은 빛'에 잠겨 있는 이 도착지를 드라마틱하게 묘사하면서, 미지의 심연으로 끌려가기 전에 잠시라도 숨을 돌릴 수 있게 해 주시기를 청하는 인상적인 기도를 하느님께 바칩니다. "저를 내버려두십시오. 이제 살날이 조금밖에 없지 않습니까? 제가 조금이나마 생기를 되찾게 저를 놓아주십시오. 제가 돌아오지 못하는 곳으로, 어둠과 암흑의 땅으로 가기 전에. 칠흑같이 캄캄한 땅, 혼란과 암흑만 있고 빛마저 칠흑 같은 곳으로 가기 전에 말입니다."(욥 10,20-22). 시편에서는 더욱 비관적인 묘사를 읽을 수 있습니다. "(저 밑에서는) 당신께서 벗과 이웃을 제게서 멀어지게 하시어 어둠만이 저의 벗이 되었습니다."(시편 88,19).

시편의 탄원들에서는 하느님께서 당신을 찬양하는 사람들을 잃을 수 있다는 이유로 하느님께 당신을 믿는 신앙인들이 죽지 않게 해 주시기를 바라는 역설적인 청원들이 등장합니다. "죽으면 아무도 당신을 기억할 수 없습니다. 저승에서 누가 당신을 찬송할 수 있겠습니까?"(시편 6,6). 다른 탄원에서는 중병에 걸렸던 사람이 치유가 되어 몸이 점점 호전되어 감을 느끼면서 '죽음의 나라'(마태 16,18: 예수님께서 베드로에게 "내가 이 반석 위에 내 교회를 세울 터인즉, 저승의 세력도 그것을 이기지 못할 것이다."라며 불러오신 이미지 참조)가 멀어져 감을 보고 기뻐하며 이렇게 선언하기도 합니다. "주님, 당신께서 제 목숨을 저승She'ol에서 건지시고 저를 구렁에 떨어지지 않게 살리셨습니다."(시편 30,4).

마지막으로 한 가지 더 첨언하자면, 히브리어 성경의 저승She'ol은 그리스의 '아데Ade'와 메소포타미아의 '아랄라Aralla'처럼 의인과 죄인을 구별하지 않고, 모든 사람들이 똑같이 머무는 곳입니다. 하지만 이와 달리 그리스어로 쓰인 솔로몬의 지혜서에서는 저승이 우리의 지옥으로 바뀌면서 어리석은 이들의 장소가 되는 반면, "의인들은 영원히 산다. 주님께서 그들에게 보상하시고 지극히 높으신 분께서 그들을 보살피신다."(지혜 5,15)라고 구분합니다.

SHABBAT 샵바트
안식일

שַׁבָּת

t ba shab

"하느님께서 모세에게 말씀하셨다. "모세야, 나의 보물 창고에는 안식일이라고 불리는 값진 선물이 있단다. 이제 그것을 이스라엘에게 주고 싶구나.""

이 문장은 유다교의 전례 주간과 히브리인들의 사회 주간을 기술하는 거룩한 날을 찬양하는 유다 본문(Besah 16a)의 한 구절입니다. 안식일의 역사적 기원에 대해서는 논란의 여지가 있지만, 바빌론에서도 세속 활동을 '금지하는 날들'이 존재했습니다. 분명한 것은 성경이 두 개의 줄거리에 따라 안식일의 의미를 제시하고 있다는 것입니다. 두 가지 형태의 십계명에는 모두 안식일의 휴식이 세 번째 계명으로 정해져 있습니다. 나중에 언급할 신명기의 계명도 마찬가지지만, 탈출기 계명의 문구에서도 그 축제일의 종교적 의미에 대한 다음과 같은 설명을 확인할 수 있습니다. "이는 주님이 엿새 동안 하늘과 땅과 바다와 그 안에 있는 모든 것을 만들고, 이렛날에는 쉬었기 때문이다. 그러므로 주님이 안식일에 강복하고 그날을 거룩하게 한 것이다."(탈출 20,11).

창세기의 첫 장에서 창조 이야기가 언급되는 것은 분명합니다. 사실 하느님의 창조 행위는 안식일로 끝나는 전례 주간에 맞추어져 있습니다. "하느님께서는 하시던 일을 이렛날에 다 이루셨다. 그분께서는 하시던 일을 모두 마치시고 이렛날에 쉬셨다."(창세 2,2). 이 구절에는 구약 성경에 111회 나오는 shabbat[샵바트]를 동사 shabat[샤바트]와 연결해 설명하려는 시도도 포함되어 있습니다. 어쩌면 숫자 '일곱'(이레)을 뜻하는 어휘 sheba'[셰바]를 암시하는 것일 수도 있습니다. 안식일을 '하느님의 시간'이라고 인식했었던 것은 거의 확실합니다. 불완전함과 한계의 의미를 갖는 '6'이라는 숫자와 연관된 엿새 동안의 창조 활동을 거치면서 유한하고 제한된 시간이 지난 후, 창조주는 안식일로 표현된 당신의 영원성 안으로 들어가십니다.

엿샛날 창조되어 유한하고 제한된 인간은 전례를 통해 안식일을 기념할 때마다 하느님의 영원성과 충만함 안으로 들어가도록 허용됩니다. 그러나 안식일은 시간으로부터 근본적으로 분리된 거룩한 섬이 아니라 '일곱째 날'이기 때문에, 그분의 영원성의 빛으로 평일의 여섯 날을 비추면서 풍요롭게 해 줘야 합니다. 이러한 이유로 예언자들은 단순히 의식으로만 안식일을 준수하는 것에 반대하였고, 일에서 완전히 손을 떼게 했습니다. 후기 유다이즘에서는 무려 서른아홉 가지 금지 조항을 만들어 이를 체계화했습니다. 예를 들면, 안식일에는 오직 1킬로미터 내로만 걸을 수 있었습니다. 안식일 전례는 종교적 가치를 확고하게 유지하면서도, 휴식과 성전을 나선 후에도 이어지는 의로운 삶으로 표현되어야 합니다. 그렇지 않으면 이사야 예언자가 선포한 하느님의 가혹한 심판을 받게 됩니다. "초하룻날과 안식일과 축제 소집, 불의에 찬 축제 모임을 나는 견딜 수가 없다."(이사 1,13).

이런 의미에서 본보기가 되는 것은, 합법적 영성에 부합하면서도 안식일의 형식적 준수와는 상반된 사랑의 행위인 '치유'를 위해 안식일의 휴식 규정을 어기신 예수님의 행동일 것입니다(마르 3,1-6 참조). 예수님께서는 중요한 원칙을 말씀해 주셨습니다. "안식일이 사람을 위하여 생긴 것이지, 사람이 안식일을 위하여 생긴 것은 아니다."(마르 2,27). 이 원칙은 그리스도교의 주일과 다른 축일들에 대해서도 분명히 효력을 미칩니다.

그러므로 앞서 언급했던 신명기 십계명에 제시된 안식일 규정의 또 다른 서술 방식이 지닌 가치를 이해할 수 있습니다. 실제로 신명기에서는 남녀 종들도 안식일에 쉴 수 있도록 규정합니다.

"너는 이집트 땅에서 종살이를 하였고, 주 너의 하느님이 강한 손과 뻗은 팔로 너를 그곳에서 이끌어 내었음을 기억하여라."(신명 5,15). 여기에서 안식일의 근거는, 탈출기 병행 본문이 강조했던 창조가 아니라, 이집트 억압으로부터의 해방입니다. 그리하여 안식일은 모든 종교적, 사회적 예속에 맞서는 해방의 축제가 됩니다.

שׁוּב

b û sh

앞에서 죄를 의미하는 ḥata'를 다룰 때(68쪽), 죄가 파멸로 이끄는 위험한 길에서 방황함으로써 올바른 길을 잃어버리는 것으로 표현된다는 점을 강조했습니다. 예를 들어, 잠언에서 제자에게 스승이 다음과 같이 충고합니다. "악의 길에서, 사악한 것을 말하는 자에게서 너를 구해 주리라. 그들은 어둠의 길을 걸으려고 바른 행로를 저버린 자들, 악행을 즐겨 하고 사악한 것을 기뻐하는 자들, 그 길이 빗나가고 그 행로가 엇나간 자들이다."(잠언 2,12-15).

그러므로 죄짓는 것을 올바른 길을 잃는 것이라고 한다면, 회개는 그 길로 돌아오는 것입니다. 히브리어에서 '돌아오다'와 '회개하다'가 단 하나의 용어 shûb[슈브]로 표현되는 것이 의미심장한 이유입니다. 이 용어는 구약 성경에 1,060회나 등장합니다. 그러나 가장 유명한 이야기는 되찾은 아들의 비유에서 예수님께서 하신 말씀입니다. "작은아들은 아버지에게 유산을 미리 요구하여 "자기 것을 모두 챙겨서 먼 고장으로 떠났다." 그러나 방탕한 생활을 거듭하다 굶주림의 고통을 겪은 후에야 "제정신이 든" 그는 "일어나 아버지께 가서 이렇게 말씀드려야지." 하고 결정하였다. "그리하여 그는 일어나 아버지에게로 갔다.""(루카 15,11-24 참조).

예언서들에서 하느님께 '돌아와', '회개하라'는 권유를 자주 볼 수 있는 것도 이런 이유 때문입니다. "그러니 제발 너희는 저마다 악한 길에서 돌아와shûb 너희의 길과 행실을 고쳐라."(예레 18,11). 이미 신명기에서 모세는 이스라엘을 초대하면서 이렇게 말했습니다. "주 너희 하느님께 돌아와서shûb, 내가 오늘 너희에게 명령하는 대로 너희와 너희의 아들들이 마음을 다하고 정신을 다하여 그분의 말씀을 들으면, 주 너희 하느님께서 너희의 운명을 되돌려주실shûb 것이다. 주 너희 하느님께서는 또 너희를 가엾이 여기시어, 주 너희 하느님께서 너희를 흩어 버리신 모든 민족들에게서 너희를 다시 모아들이실 것이다."(신명 30,2-3).

모세가 동일한 동사 shûb로 만들어 내는 언어유희가 흥미롭습니다. 다시 말해, 마음과 정신의 회개는 지금 불행에 처해 있는 이스라엘 백성에게 원래의 운명을 되돌려준다는 의미입니다. 회개는 새로운 탄생과 기쁨의 원천입니다. 그래서 히브리 백성이 바빌론 유배에서 기쁘게 귀환한 것을 가리킬 때에도 동사 shûb가 사용되었습니다. "주님께서 시온의 운명을 되돌리실shûb 제 우리는 마치 꿈꾸는 이들 같았네. 주님, 저희의 운명을 네겝 땅 시냇물처럼 되돌리소서shûb."(시편 126,1.4).

그러므로 회개는 단순한 참회가 아닙니다. 물론 회개에는 걸어가는 길과 생활 습관을 바꾸는 것도 포함되지만, 악습을 끊어 버리고 죄악에서 벗어나야 하기 때문입니다. "죄인은 제 길을, 불의한 사람은 제 생각을 버리고 주님께 돌아오너라shûb. 그분께서 그를 가엾이 여기시리라. 우리 하느님께 돌아오너라. 그분께서는 너그러이 용서하신다."(이사 55,7). 그러나 예언자의 이 선언에서 회개의 최종 도착지가 매우 찬란하다는 것을 알 수 있습니다. 그것은 바로 주님과의 새로워진 포옹입니다.

예레미야 예언자는, 하느님과 회개한 이스라엘 백성 사이에 새 계약이 체결될 것을 예고하면서 같은 개념을 반복해서 선언합니다. "그리하여 그들은 내 백성이 되고, 나는 그들의 하느님이 될 것이다. 그들이 온전한 마음으로 나에게 돌아올shûb 것이기 때문이다."(예레 24,7). 성경에서는 '양심'의 동의어로 '마음'을 강조합니다. 이것이 "마음을 다하고 목숨을 다하여 주 너희 하느님께 돌아오라shûb."(신명 30,10 참조)고 끊임없이 호소하는 이유입니다.

שָׁלוֹם

m ô l sha

구약 성경에 237회나 등장하는 shalôm[샬롬]은 거의 모든 사람들이 알고 있는 단어이며, 현대 히브리어와 아랍어에서도 인사말로 사용되는 단어입니다. 유다 전통을 기록한 탈무드 본문에는 "평화는 세상을 위해 빵을 부풀게 하는 효모와 같은 것이다."라는 문장이 있습니다. 그 어근에서 "실현된, 완전한" 어떤 것을 전제하는 shalôm의 개념은 다면적입니다. 따라서 성경에서의 평화는 전쟁이 없는 상태뿐만 아니라 행복, 번영, 정의, 기쁨, 삶의 충만을 포함합니다. 그래서 시편 저자는 85편 11절에서 "정의와 평화가 입 맞추리라."라고 말한 것입니다. 그런 의미에서 네덜란드의 저명한 유다인 철학자 스피노자(B. Spinoza, 1632-1677년)가 "평화는 단지 전쟁의 부재가 아니라 하나의 덕행이며, 호의와 신뢰와 정의를 드러내는 마음의 상태이다."라고 주장한 것은 합당합니다.

성경에서 말하는 메시아관觀에서 미래의 지평은 바로 평화로 특징지어질 것입니다. 그 평화는 전통적으로 예루살렘Jerûshalaim의 이름 자체가 의미하는 바, 곧 '평화의 도시'('ir shalôm[이르 샬롬])이기도 합니다. 그때에는 이사야 예언자가 서로 적대적이던 동물들마저 평화롭게 될 것이라고 노래한 아름다운 시에서 예고한 것처럼, 땅과 하늘이 사랑의 조화 안에서 일치할 것입니다. 늑대와 새끼양, 표범과 새끼 염소, 송아지와 새끼 사자, 암소와 곰, 사자와 소, 젖먹이와 독사가 함께 지낼 것입니다.

이사야 예언자에 의하면, 새 예루살렘은 거룩한 도성에 도착한 온 세상 사람들을 맞이할 것입니다. 그들은 "칼을 쳐서 보습을 만들고 창을 쳐서 낫을 만들리라. 한 민족이 다른 민족을 거슬러 칼을 쳐들지도 않고 다시는 전쟁을 배워 익히지도 않으리라."(이사 2,4)라고 합니다. 메시아 임금은 가장 먼저 병거와 군마를 없애시고, 전쟁에서 쓰는 활을 꺾어 "민족들에게 평화를 선포"(즈카 9,10)하실 것입니다. 이사야 예언자가 기억하듯이, 그분의 이름은 "평화의 군왕"이 되실 것이며, 그분과 함께 "다윗의 왕좌와 그의 왕국 위에 놓인 그 왕권은 강대하고 그 평화는 끝이 없을"(이사 9,6 참조) 것입니다.

이사야의 예언과 관련해 다윗 왕국이 시작될 때 그가 받은 축하의 인사도 의미심장합니다. "이사이의 아드님, 우리는 장군님

편입니다. 장군님의 하느님께서 장군님을 도우시니 평화에 평화를 누리시고 장군님을 돕는 이들도 평화를 누리기 바랍니다."(1역대 12,19). 다윗의 후계자인 솔로몬의 이름은 '평화의 남자'라는 의미의 히브리어 남성 명사 shalôm에서 유래했을 것입니다. 이스라엘 전체가 그의 망토 아래에서 보호를 받을 것이며, "주님께서 당신 백성에게 평화로 강복"(시편 29,11)하실 것입니다. 신앙인들은 이러한 약속을 맺을 것입니다. "하느님께서 무엇을 말씀하시는지 나는 듣고자 하네. 주님께서는 당신 백성에게, 당신께 충실한 이들에게 진정 평화를 말씀하신다."(시편 85,9).

신약 성경에 등장하는 천사들의 찬미가를 논하지 않으면 이 이야기는 결론을 맺을 수 없습니다. "지극히 높은 곳에서는 하느님께 영광, 땅에서는 그분 마음에 드는 사람들에게 평화!"(루카 2,14). 사실 바오로 사도는 그리스도를 "우리의 평화"(그리스어 eirène)라고 규정합니다. "그리스도는 우리의 평화이십니다. 그분께서는 당신의 몸으로 유다인과 이민족을 하나로 만드시고 이 둘을 가르는 장벽인 적개심을 허무셨습니다. 또 그 모든 계명과 조문과 함께 율법을 폐지하셨습니다. 그렇게 하여 당신 안에서 두 인간을 하나의 새 인간으로 창조하시어 평화를 이룩하시고, … 이렇게 그리스도께서는 세상에 오시어, 멀리 있던 여러분에게도 평화를 선포하시고 가까이 있던 이들에게도 평화를 선포하셨습니다."(에페 2,14-17).

SHEM 솀
이름

שֵׁם

m she

최근까지 이탈리아에서는 신생아의 이름을 지을 때 족보를 반영하곤 했습니다. 두 조부의 세례명인 '요한'과 '프란치스코'가 나의 이름 '잔프랑코'로 전해진 것처럼, 많은 사람들의 세례명으로 이를 확인할 수 있습니다. 얼마 전까지 이탈리아에서 가장 선호하는 이름이 '요셉'이었던 것은 결코 우연이 아닐 것입니다. 남성형뿐만 아니라 여성형으로 변형해 부를 수 있는 이 이름은 그리스도교 가족 전통의 표지였기 때문입니다. 요즘 들어 희귀하거나 특이한 이름들이 유행하는 것은 문화적, 사회적 변화의 표시입니다.

고대 로마인들은 라틴어로 'nomen omen'이라는 유사한 발음이 이어진 문구를 만들었습니다. 이는 이름에 축원이나 예고의 내용을 담았다는 의미입니다. 이러한 믿음은 성경의 세계에서 더욱 두

드러집니다. 히브리어로 '이름'은 shem[셈]인데, 이 단어는 구약 성경에 864회 쓰였습니다. 성경에 나오는 이름은 상징적 의미를 지니거나 그 이름 자체에 등장인물이 경험한 일들이 요약되어 있는 경우가 많았고, 종종 매우 자유롭게 해석되기도 했습니다. 구약 성경과 신약 성경 복음서에서 각각의 예를 들어 보겠습니다.

구약 성경에 등장하는 인물인 '야곱'의 이름은 그가 탄생했던 장면에 근거해 '발뒤꿈치를 잡은 사람'으로 해석되었습니다. "(이사악의 아내) 레베카의 배 속에는 쌍둥이가 들어 있었다. 선둥이가 나왔는데 살갗이 붉고 온몸이 털투성이라, 그의 이름을 에사우(혹은 '붉다'라는 의미의 에돔)라 하였다. 이어 동생이 나오는데, 그의 손이 에사우의 발뒤꿈치를 붙잡고 있어, 그의 이름을 야곱이라 하였다."(창세 25,24-26). 히브리어로 발뒤꿈치는 'aqeb[아켑]이며, Ja-'aqob[야-아콥] 즉 '야곱'은 위에서 언급한 대로 '발뒤꿈치를 붙잡다'라는 뜻입니다. 이후 야곱은 하느님과 밤새도록 씨름을 한 후, 이스라엘이라는 새로운 이름을 받았습니다. 이는 '하느님과 겨루다'라는 의미로 해석됩니다(창세 32,29 참조).

이름을 바꾸는 것은 새로운 사명이나 그 사명을 부여받은 사람의 근본적인 변화를 의미하는 매우 중요한 행위입니다. 신약 성경에 나오는 두 번째 사례에서 이를 확인할 수 있습니다. 예수님께서는 시몬에게 아람어로 Kefa[케파], '반석'이라는 이름을 주시어 그를 베드로가 되게 하셨고, 교회의 대표가 되게 하셨습니다. "너는 베드로이다. 내가 이 반석 위에 내 교회를 세울 것이다."(마태 16,18 참조). 이 지점에서 우리는 특히 중요한 자료를 확인해야 합니다.

구약 성경에는 87회에 걸쳐 Jahweh, 곧 주님의 shem을 소개합니다. 앞에서 이미 주님의 이름과 성경에서 하느님을 가리키기 위해 사용되는 다른 이름들을 살펴보았습니다. 사람들이 말하듯, 만약 이름이 그 자체로 실재와 심원한 의미, 한 사람의 사명을 육화한다면, 십계명의 둘째 계명에서 단언하듯 하느님의 신비와 초월성을 존중하기 위해 하느님의 이름을 '헛되이' 부를 수 없고, 쉽게 해석할 수도 없다는 것은 명백합니다(탈출 20,7 참조).

논리적 결론은 이와 같습니다. 유다 전통에서 그러하듯이, 기도 중에 주님께 탄원할 때 우리는 단지 그분의 '이름'만을 부르고는 합니다. "당신 이름 사랑하는 이들을 당신께서 감싸 주시니 그들은 당신 안에서 기뻐하리이다. … 지극히 높으신 주님의 이름에 찬미 노래 바치리라. … 주 저희의 주님 온 땅에 당신 이름, 이 얼마나 존엄하십니까! … 저를 돌아보시어 자비를 베푸소서, 당신 이름을 사랑하는 이들에게 주신 권리에 따라."(시편 5,12; 7,18; 8,2; 119,132). 이처럼 '이름'을 부르는 것의 종합은 주님의 기도의 첫 번째 청원, "아버지의 이름이 거룩히 빛나시며"에 있습니다. 곧, 모든 사람이 하느님의 거룩하심과 위대하심, 영광을 알고 인정하는 것입니다.

SHAMA‘ 샤마
듣다, 순종하다

שָׁמַע

ᶜ ma sha

폰테코르보(Gillo Pontecorvo, 1919-2006년) 감독의 영화 「카포Kapò」(1960년)의 주인공인 유다인 여성은 나치의 강제 수용소에서 살아남기 위해 같은 종교를 믿는 교인들을 감시하는 역할을 받아들입니다. 그러나 사랑하는 연인이 수용소에서 참혹하게 고통받는 모습을 본 후, 더 이상 견딜 수 없었던 그는 연인을 구하기 위해 이스라엘의 모든 충실한 신앙인이 매일 입에 올리는 신앙 고백을 외우면서 죽음을 맞이합니다. 신앙 고백의 첫 단어를 딴 Shema‘[셰마]는 ‘들어라’라는 의미를 지니고 있으며, 성경 본문에 바탕을 두고 있습니다. “이스라엘아, 들어라! 주 우리 하느님은 한 분이신 주님이시다. 너희는 마음을 다하고 목숨을 다하고 힘을 다하여 주 너희 하느님을 사랑해야 한다.”(신명 6,4-5).

영화에서 나치의 필요에 따라 사형 집행인들에게 협력했던 주인공은 신앙 고백을 함으로써 다시 자기 민족의 편에 섰고, 결국 간수들의 기관총에 자신을 희생시키면서 그가 사랑했던 러시아 포로와 다른 유다인들이 수용소에서 탈출할 수 있도록 도왔습니다. 예수님께서는 자신을 시험하려는 율법 교사에게 신명기의 이 구절로 대답하시면서 "이것이 가장 크고 첫째가는 계명이다."(마태 22,38)라고 말씀하셨습니다. 그 첫 동사인 shema'(단어 끝의 부호인 히브리어 알파벳 'ain은 서양인들은 낼 수 없는 발음)에 대해 알아보겠습니다.

구약 성경에 1,159회나 등장하는 shema'는 '듣다'라는 의미이지만, 하느님의 율법 규정들을 준수하라는 호소에 초점을 맞추면 '순종하다'의 동의어가 되기도 합니다. 사실 듣는 행위는 단순히 외부의 소리가 들리는 것이 아니라, 적극적으로 행동에 옮기는 것을 가리킵니다. 또한 그것은 진리의 말씀에 주의를 기울이는 것을 방해하는 소음과 잡담에서 자유로운 귀를 칭송하는 것이기도 합니다. 야고보 사도가 자신의 서간에서도 밝혔듯이, "듣고서 잊어버리는 사람이 아니라 실천에 옮겨 실행하는 사람"(야고 1,25)이 되는 것입니다.

시나이산에서 하느님과 이스라엘 사이의 계약 의식을 마친 모세는 계약의 책을 들고 그것을 읽어 백성에게 들려주었고, 그들은 "주님께서 말씀하신 모든 것을 실행하고 따르겠습니다shama'."(탈출 24,7)라고 대답했습니다. '듣다'라는 말에 순종의 의미가 담겨 있음은 분명합니다. 그래서 모세가 주님의 계명을 전했을 때, "주님께서 이르신 모든 것을 우리가 실천하겠습니다."(탈출 19,8)라고 백성이 다 함께 대답한 것입니다. 성경은 '듣는' 종교를 제안합니다. 그 목표는 보는 것, 즉 사랑의 포옹 속에서 하느님과 만나는 것입니다. 앞에서 인용한 신명기 구절의 "들어라!"에 이어지는 명령이 "하느님을 사랑해야 한다."인 것은 결코 우연이 아닙니다.

듣고 순종해야 할 하느님 말씀의 선포자인 예언자의 사명이 중요한 까닭이 바로 여기에 있습니다. 여기에 비추어, 우리는 예수님께서 당신의 비유를 말씀하시면서 "너희의 귀는 들을 수 있으니 행복하다."(마태 13,16)라고 하신 그 '행복'의 의미를 이해할 수 있습니다. 이미 이사야 예언자는 이렇게 선포한 바 있습니다. "얼마나 아름다운가, 산 위에 서서 기쁜 소식을 전하는 이의 저 발! 평화를 선포shama'하고 기쁜 소식을 전하며 구원을 선포shama'하는구나."(이사 52,7).

영화 속 주인공인 유다인 여성으로 시작한 이 이야기를, 독일의 유다인 여성 시인 넬리 작스(N. Sachs, 1891-1970년)의 목소리로 마치려고 합니다. 나치 지배하의 독일에서 목숨을 구하기 위해 스웨덴으로 피신해야 했던 그는 예언자들을 칭송했는데, 그의 말은 감언으로 속이지 않고, 무감각하고 피상적인 양심을 날카로운 트럼펫

소리처럼 뒤흔듭니다. "예언자들이 밤의 문으로 들어가 조국을 위한 귀, 쐐기풀로 덮인 사람들의 귀를 찾는다면, 그대는 귀담아들을 수 있겠습니까?"

TÔRAH 토라
교훈, 가르침, 율법

תּוֹרָה

h ra ô t

히브리어 성경에 사용된 주요 단어들을 살펴본 이 여정의 마지막을 본질적인 용어로 마무리 짓고자 합니다. 많은 사람들이 히브리어 단어 tôrah[토라]를 알고 있을 것입니다. 또한 이 단어가 보통 '율법'으로 번역되고, 성경의 첫 다섯 책, 오경(그리스어로는 거룩한 책들을 보관하는 '다섯 성물함')을 가리키는 데 사용된다는 것도 알고 있을 것입니다. 그 다섯 권은 창세기, 탈출기, 레위기, 민수기 그리고 신명기입니다. 장대한 하나의 양피지 두루마리에 손으로 쓴 이 책들은 회당 안쪽, 꺼지지 않도록 항상 밝혀 둔 등불과 함께 후진apse의 중앙에 놓여 있습니다.

구약 성경에 220회 울려 퍼지는 단어 tôrah는 유다인들의 믿음과 도덕 그리고 영성의 심장입니다. tôrah를 '율법'으로 옮기는 것은 물론 유효하지만, 히브리어 어휘가 담고 있는 풍부함을 들추어 내기에는 부족한 것도 사실입니다. 이 단어는 '쏘다, 손가락으로 가리키다, 방향을 보여 주다'라는 의미를 가진 동사의 어근에서 유래했습니다. 그래서 좀 더 정확한 번역에서는 '교훈, 가르침, 안내'의 개념을 표현하며, 하느님의 tôrah에 헌정된 기념비적 찬가에서 "당신 말씀은 제 발에 등불, 저의 길에 빛입니다."(시편 119,105)라고 시편 저자가 노래한 것처럼, tôrah는 삶에서 올바른 길을 따르게 해 줍니다.

tôrah에 담긴 교훈적 개념은 다음 문장이 들어 있는 잠언 단락에서 분명하게 드러납니다. "내 아들아, 아버지의 교훈을 들어라. 어머니의 가르침tôrah을 저버리지 마라."(잠언 1,8). 이와 달리 말라키 예언자는 사제들을 무대에 올리며 그들이 부여받은 신앙 교육의 사명을 다음과 같이 주장합니다. "사제의 입술은 지식을 간직하고 사람들이 그의 입에서 법(tôrah, 가르침)을 찾으니 …."(말라 2,7).

그러나 본질적인 교훈은 사제의 가르침이 아닌, 성경에 표현된 하느님의 말씀에서 찾아야 한다는 주장이 점점 우세를 점하기 시작했습니다. 이는 약속의 땅을 향해 나아가는 이스라엘의 안내자이자 모세의 후계자인 여호수아에게 하느님께서 해 주신 약속에서 잘 드러납니다. "이 율법서tôrah의 말씀이 네 입에서 떠나지 않도록 그것을 밤낮으로 되뇌어, 거기에 쓰인 것을 모두 명심하여 실천해야 한다. 그러면 네 길이 번창하고 네가 성공할 것이다."(여호 1,8).

바빌론 유배의 고통스러운 시기를 겪고 나서 약속의 땅으로 돌아온 이스라엘 백성의 정치적 수반 역할까지 겸하던 에즈라 사제는 tôrah, 즉 성경의 율법을 새로운 정부의 헌법과 같은 역할을 하는 법으로 제안했습니다. 실제로 "에즈라는 주님의 율법tôrah을 연구하고 실천할 뿐만 아니라, 이스라엘에서 규정과 법을 가르치기로 마음을 굳혔으며"(에즈 7,10 참조), 예루살렘의 장엄한 공식 행사에서 "남자와 여자, 그리고 말귀를 알아들을 수 있는 모든 이로 이루어진 회중 앞에 율법서tôrah를"(느헤 8,2) 가져와 선포했습니다. 이 감격스러운 이야기는 느헤미야기 8장에 실려 있습니다.

그러므로 tôrah는 하느님의 말씀이자, 개개의 신앙인뿐 아니라 공동체 전체의 실존을 떠받치는 영혼입니다. tôrah는 단순히 하나의 율법이 아닌, 개인적이고 사회적인 삶의 진실하고 올바른 길을 알려 주는 나침반과 같습니다. 유명한 유다인 학자 슈라키(André Chouraqui, 1917-2007년)는 이렇게 말했습니다. "토라는 길이요, 진리요, 생명이며, 충만하게 하느님의 아들이 되게 해 주는 신적 모델입니다. 토라는 우리의 육체적 조건의 한계에서 우리를 자유롭게 하고 우리를 우리의 초자연적 소명으로 이끌어 줍니다."

색인

ㄱ

ㄴ

ㄷ

ㅁ

ㅂ

ㅅ

ㅇ

ㅈ

ㅊ

ㅋ

ㅌ

ㅍ

ㅎ